知ってるようで知らない日本語のヒミツ

三上文明　著
野口元大　監修

成美文庫

『知ってるようで知らない 日本語のヒミツ』まえがき

語源を尋ねるむずかしさと楽しさ

言葉の意味や語源がわからないとき、辞書や辞典を調べればきちんと書いてあると信じてはいないでしょうか。残念ながら、それは大きな誤解です。

言葉は生きもので、人間の営みの中で常にもまれており、辞書や辞典はその後を追って作られるものです。つまり、辞書や辞典に書かれている解説や解釈はその時代の言葉の意味を網羅しているとはいえないのです。

言葉の意味を決めるのは辞書や辞典ではなく、その言葉を使った〝人〟や使われた〝状況〟です。もちろん、辞書類が信用できないわけではありません。一応は信用できます。そうあくまでも、「一応は」なのです。

辞書の歴史より、言葉そのものの歴史のほうがはるかに古いわけですから、「だれが、いつ、どんな状況で、どんな意味にその言葉を使い始めたか」など、だれにもわかりません。学者や専門家が古い文献をあれこれ渉猟《しょうりょう》し、「どうやら、この言葉はこの時代からこういう意味で使われ始めたらしい」という推論の結果が、今日、辞書や辞典となってまとめられているのです。

ですから、「これが絶対に正しい語源だ」というものはなく、多くの言葉の語源に関しては諸説あるのが普通です。

たとえば、極端な例として、「やにさがる」という言葉の語源は、タバコを呑む際に、雁首《がんくび》を上に持ち上げてキセルをくわえて気取る所作からきたとする説と、いや、雁首を下にしてキセルをくわえるのだという、まったく逆の説があります。果たしてどちらが本当なのでしょうか。また別の説もあるかもしれません。そんなことをいろいろと考えながら本書を楽しんでいただければ幸いです。

「語源」の世界へようこそ。肩の力を抜いて、知っているようで知らない日本語の世界を探検してみましょう。

三上　文明

『知ってるようで知らない 日本語のヒミツ』 目次

まえがき…3
語源クイズ20…13

「江戸の暮らし」の巻 33

いなせ…34
大御所…35
お仕着せ…36
おじゃん…37
書き入れ時…38
肩入れ…39
片棒を担ぐ…40
くだらない…41
下馬評…42
ごまかす…43
しもた屋…44
たらい回し…45
ちんぷんかんぷん…46
べらぼう…47
村八分…48
やにさがる…49
割り勘…50
はすっぱ…51
お茶を挽く…52
手管…53

半可通……54
野暮……55
土壇場……56
はったり……57
眉唾物……58
お転婆……59
かまとと……60
へそくり……61
手塩にかける……62
垢抜ける……63
折紙つき……64

「職人言葉」の巻

65
うだつが上がらない……66
丼勘定……67
縄張り……68
ろくでなし……69
段取り……70
伸るか反るか……71
冷やかし……72
辻褄が合う……73
二束三文……74
やまかん……75
沽券にかかわる……76
管を巻く……77
鯖を読む……78
つぶしが効く……79
根回し……80

「歌舞伎・芸能」の巻 81
板につく 82
おあいそ 83
大立者 84
おはこ 85
切り口上 86
極めつき 87
けれんみ 88
差し金 89
だんまり 90
二枚目 91
さわり 92
のろま 93
べそをかく 94
二の句が継げない 95
二の舞 96
めりはり 97
日本語 含蓄うんちく 其の壱 98

「日本の文化・日本語」の巻 99
げんまん 100
手玉に取る 101
一目置く 102
駄目 103

お茶を濁す……104
塩梅……105
横紙破り……106
どじを踏む……107
口裏を合わせる……108
挙げ句の果て……109
合点……110
月並み……111
けりをつける……112
どさくさ……113
どんちゃん騒ぎ……114
とんちんかん……115
ポンコツ……116
口説く……117
スケベ……118
ずぼら……119
てんやわんや……120
けちがつく……121
老舗……122
しらける……123
たそがれ……124
みっともない……125
目安をつける……126
あこぎ……127
下戸……128
八百長……129
関の山……130
ドサ回り……131
赤の他人……132
もしもし……133
日本語 含蓄うんちく 其の弐……134

「仏教・神道」の巻 135

韋駄天走り……136
有頂天……137
うやむや……138
大袈裟……139
ご馳走……140
金輪際……141
四苦八苦……142
しっぺ返し……143
娑婆……144
修羅場……145
正念場……146
そそう……147
醍醐味……148
断末魔……149
奈落……150
二枚舌……151
左前……152
阿弥陀くじ……153
おシャカ……154
爪弾き……155
駆け出し……156
験をかつぐ……157
ご託を並べる……158
埒があかない……159
日本語 含蓄うんちく 其の参……160

「武士のしきたり」の巻 161

いかさま……162
一所懸命……163
おおわらわ……164
お墨付き……165
押っ取り刀……166
鎬を削る……167
すっぱ抜く……168
手ぐすねを引く……169
抜け駆け……170
元の木阿弥……171
口火を切る……172
切羽詰まる……173
火蓋を切る……174

「中国」の巻 175

海千山千……176
えこひいき……177
牙城……178
牛耳る……179
逆鱗に触れる……180
左遷……181
三すくみ……182
市井……183

舌を巻く……184
食指が動く……185
太公望……186
大丈夫……187
泥酔……188
破天荒……189
日本語 含蓄うんちく 其の四……190

「生物・医術」の巻 191

馬が合う……192
毛嫌い……193
虎の子……194
ねこばば……195
野次馬……196
けんもほろろ……197
目白押し……198
ゴリ押し……199
とどのつまり……200
にべもない……201
ほらふき……202
芋づる式……203
さくら……204
大根役者……205
皮切り……206
匙を投げる……207
啖呵を切る……208
腑に落ちない……209

腑抜け……210
溜飲を下げる……211
日本語 含蓄うんちく 其の五……212

「語源三昧」の巻 213

背広……214
半ドン……215
長襦袢……216
ピンからキリまで……217
金字塔……218
如才ない……219
濡れ衣……220
茶化す……221
出鱈目……222
ぼんくら……223
ヤクザ……224
気障……225
キセル……226
ゴマすり……227
しみったれ……228
鉄火巻き……229
ぼる……230
索引……231

語源クイズ20

Q1

「いなせ」の由来は？

A◆魚のかたちをまねた江戸っ子の髪型から

B◆英語のイノセント（汚れを知らない）から

C◆困難なものごとを「いなす」、見事な振る舞いから

☜正解は「江戸の暮らし」の巻　34ページへ

Q 2

「おじゃん」の由来は？

A◆市中に火事を知らせるために懸命に叩いた半鐘の音から

B◆幕末、黒船を見た横浜の町人が「幕府もおしまいじゃん」といったから

C◆長屋の竈《かまど》の火加減を誤り、「おじや」を「おこげ」にしてしまったことから

☞正解は「江戸の暮らし」の巻　37ページへ

Q3

「おりがみつき」の由来は？

A◆名品を贈る際、色とりどりの折り紙を添えたことから

B◆和紙を二つ折りにし、鑑定結果を認《したた》めたことから

C◆鑑定のために祈祷《きとう》する霊媒師に、名品だと神が降りて憑《つ》くことから

☞正解は「江戸の暮らし」の巻　64ページへ

Q 4

「くだをまく」の由来は？

A◆「くだくだ」と同じことを繰り返す職人の酒癖から

B◆織物を紡ぐ際の管《くだ》の「ブーン」という単調な音から

C◆「管を巻き」始めると、庭師の仕事も一段落。すぐに一杯飲み始めることから

☜正解は「職人言葉」の巻　77ページへ

Q 5

「さばをよむ」の由来は？

A◆サバの鱗《うろこ》から年齢を読み取った漁師の知恵から

B◆通行人の身なりの変化から、娑《しゃ》婆《ば》の景気を読んだ大坂の先物市場の隠語から

C◆ザッと数えて箱に投げ入れられた市場でのサバの扱いから

☜正解は「職人言葉」の巻　78ページへ

Q6

「おおだてもの」の由来は？

A◆その気になりやすく、おだてると実力以上の成果を出す役者から

B◆垢抜けて洗練された「伊達《だて》者」の中でも、特に粋な役者から

C◆一枚看板に名前と絵姿が載るような、技量のある役者から

☜正解は「歌舞伎・芸能」の巻　84ページへ

Q7

「さしがね」の由来は？

A◆地方公演の際、地元の有力者が楽屋に差し入れた金品から

B◆江戸末期に考案された、人に刺さると刃の部分が引っ込む短剣から

C◆蝶や人形の動きを舞台の袖から操った針金から

☜正解は「歌舞伎・芸能」の巻　89ページへ

Q8

「がてん」の由来は？

A◆肉体を使った仕事をするときのあいさつから

B◆優れた作品をチェックするときの印から

C◆ランキングの数字を足して21に近づけるゲームから

☞正解は「日本の文化・日本語」の巻　110ページへ

Q9

「もしもし」の由来は？

A◆姿が見えない電話の相手に「もしやもしや○○さん？」と呼びかけたなごりから

B◆人に呼びかける際に使った言葉「申し申し」から

C◆電話を発明したベルの第一声「If, if I were a bird...」から

☜正解は「日本の文化・日本語」の巻　133ページへ

Q 10

「あみだくじ」の由来は？

A◆神社仏閣で授かる、運勢を占うくじから

B◆阿弥陀《あみだ》仏の光背《こうはい》のように見える、放射状のくじの形から

C◆網の目をした田畑の畦道で駆け足を競い、運を占った子どもの遊びから

☞正解は「仏教・神道」の巻　153ページへ

Q11

「つまはじき」の由来は？

A◆妻帯が許されなかった、仏教の習慣から

B◆ばちを持たずに、指で琵琶を演奏し、悪霊を祓《はら》ったことから

C◆人差し指を曲げ、爪を親指の腹に当ててはじき、音を立てる所作から

☞正解は「仏教・神道」の巻　155ページへ

Q12

「おおわらわ」の由来は？

A◆非常の際、髪型が童《わらわ》のようになることから

B◆自分（わらわ）があわてふためき、驚くようすから

C◆藁《わら》で大きな輪をつくる作業がたいへんなことから

☜正解は「武士のしきたり」の巻　164ページへ

Q 13

「おすみつき」の由来は？

A◆戦の功績を上げると、「住みつき」の家来がいる城を与えられたから

B◆手柄を上げた家臣に対し、殿が自分の愛人を世話したことから

C◆領地を証明する書類が黒々と「墨」で認《したた》められていたから

☜正解は「武士のしきたり」の巻　165ページへ

Q 14

「おっとり刀」の由来は？

A◆勢いよく、刀を手にすることから

B◆真剣を使わずに予備の刀を使うことから

C◆泰然《たいぜん》自若《じじゃく》として、おっとりと刀を構えることから

☜正解は「武士のしきたり」の巻　166ページへ

Q 15

「しのぎを削る」の由来は？

A◆骨身を削って困難を乗り越えるサムライの姿勢から

B◆刀を激しく打ちつけ合う、サムライの必死の戦いから

C◆戦いに備え、生活費を削って毎日をしのぐサムライの精神から

☜正解は「武士のしきたり」の巻　167ページへ

Q16

「したをまく」の由来は？

A◆中国を訪れたマルコ・ポーロがソフトクリームの原形を食べて感動した逸話から

B◆南京を訪れたイギリス人の英語のRの発音が見事だったことから

C◆弾圧を受けた儒教の学者たちが、口をつぐんで発言を控えた史実から

☜正解は「中国」の巻　184ページへ

Q
17

「けぎらい」の由来は？

A◆人間同様、「気」の合わない相手とはつきあわないサルの習性から

B◆発情しても、「毛」並みの合わない相手とは交尾しないウマの習性から

C◆周囲の不思議な「怪《け》」を察知して立ち去るネコの習性から

☜正解は「生物・医術」の巻　193ページへ

Q 18

「めじろおし」の由来は？

A◆囲碁で白の目が優勢な様子が遠くから見るとよくわかるという中国の故事から

B◆伝説の関取・雲竜が得意の押し相撲で白星を重ね、人気を集めたことから

C◆秋から冬にかけて群をつくって一本の木に集まるメジロの習性から

☜正解は「生物・医術」の巻　198ページへ

Q19

「さじをなげる」の由来は？

A◆明智光秀のもてなし料理に、織田信長が匙《さじ》を投げて激怒した逸話から

B◆漢方医の匙加減で調合した薬でも、病気が治らない場合もあることから

C◆インドから渡来したゾウは匙を使った芸が達者だったが、世話がとてもたいへんだったという飼育係の日記から

☞正解は「生物・医術」の巻　207ページへ

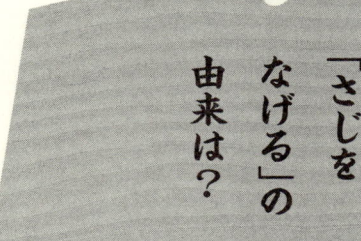

Q
20

「ふぬけ」の由来は？

A◆「とう」の立った「とうふ」を食べて腹をこわした江戸っ子の洒落から

B◆弱いようで金にも成れる「歩」が抜けると、苦しくなる将棋の譜面から

C◆分別が宿るという「はらわた（腑《ふ》）」が抜けると、意気地がなくなることから

☞正解は「生物・医術」の巻　210ページへ

「江戸の暮らし」の巻

割り勘

やにさがる

001
難易度
★★

いなせ

勇み肌で、粋な様子。また、そういう人

江戸時代は寛政の頃、日本橋の魚河岸で働く若い衆の間で、ある髪形が流行った。結った髷《まげ》の先をちょいと斜めにしたその髪形は、ちょうどイナ（鯔《ぼら》の幼魚）の背中のような形だったところから、イナセイチョウと呼ばれた。河岸で働く江戸っ子の売りは、「粋」と「勇み肌」。これにかっこいいイナセイチョウの髷が加わり、「粋」と「いなせ」と「勇み肌」が、河岸だけでなく若い江戸っ子全体の売りになった。

祭りなどで神輿《みこし》をかつぎ、斜めにした髷がさらに斜めになるほど威勢のいい若い衆に、「おっ、いなせだねぇ」と声をかけるのは、当時のそうした若い衆を持ち上げる最高のほめ言葉だった。

【使用上の注意】

「課長のお小言なんか、粋にいなせなくちゃ、出世はできないぜ」――それは〝いなす〟で、粋な〝いなせ〟とは違います。

Q1の答　A

〇〇三 難易度★★

大御所《おおごしょ》

政界を退いてからも陰で力を持っている人。あるいは、ある分野の権威

大御所とはもともと隠居した親王や将軍家の隠居所を指した。その後、そこの住人自身をも意味するようになった。

江戸時代、大御所といえば、徳川家康・家斉を指し、二人は将軍職を退いて隠居してからも、政治向きのことに陰で何かと力を振るった。将軍にとっては迷惑なこともあったかもしれない。

今日では、ある特定の分野の第一人者としてその権威を世間が認めている人に使われる場合が多い。政界に発言力を持ち続ける総理大臣経験者のように、引退した有力な政治家などをこう呼ぶこともある。

【使用上の注意】

どう見ても「職場の古狸」と呼びたい人でも、「大御所」と呼べば、呼ばれる本人も満足、呼ぶほうも気楽というものです。

〇〇三
難易度
★★

お仕着せ

上から一方的に押し付けられること

江戸時代、大店《おおだな》に奉公している小僧さんなどに、店の主人は季節に合わせて衣服を支給するのが当たり前で、これを「お仕着せ」といった。それがいつしか、ものごとが決められた通りに行われる意味を持つ言葉になった。今日では、上から一方的に何かを押し付けられたり、決められたりする意味で使われることが多くなったが、語源からすると、悪い意味ではない。

「おしきせ」という発音から、「押し着せ」という押し付けられるイメージが浮かぶのかもしれないが、こうした使われ方になったのは、昭和も中頃からで、ごく最近のことだ。

【使用上の注意】

「子ども時代は、いつも兄貴のお仕着せばかり着せられていたよ」――それは〝お下がり〟です。上から押し付けられたものというより、環境にやさしい生活の知恵でしょう。

〇〇四
難易度★

おじゃん

ものごとが不成功に終わること

江戸の昔、火事を知らせる方法といえば、火の見やぐらで鳴らす半鐘の音だけだった。火元が遠ければ「ジャーン、ジャーン、ジャ」という二つ半、火元が近ければ「ジャン、ジャン、ジャン」の連打だった。何とか鎮火したときは、「ジャン、ジャン」と二回だけ鳴らしたという。

しかし、当時の消火方法は、水をかけるより、家屋を取り壊すことが主流だったから、火が消えたとはいっても、家屋・家財はすべて失われている。そこで、何もかもがだめになることを、半鐘の「ジャン」に引っかけて、「おじゃん」になるといった。

【使用上の注意】

落語好きには『火焔太鼓《かえんだいこ》』の下げが思い出される言葉です。お正月や結婚式で『火焔太鼓』を演じるときは、縁起がよいように、「おじゃんになる」という下げを他に変えるそうです。おめでたい席では控えたい言葉です。

Q2の答　A

〇〇五
難易度
★★★

書き入れ時

商売が最も忙しい時期

「書き入れ」とは、帳簿に売り上げを記入することで、売れた商品を記録する意味もある。「書き入れ」が多いほど、商売は繁盛していることになり、「書き入れ時」とは、売り上げを書き入れるのに暇《いとま》がないほど商いが忙しい時期という意味になった。

また、江戸時代の商売は、つけ勘定の商いが多く、毎月晦日《みそか》に精算するため、月末の精算時期を書き入れ時と呼んだという説もある。いずれにしても、商売の繁忙期のことだ。

【使用上の注意】

「かきいれどき」は、「書き入れ時」で、「掻き入れ時」ではありません。お金を四方八方から掻き集めるイメージがあるせいか、「掻き入れ時」と書く人が意外に多いので注意しましょう。

〇〇六　難易度★★

肩入れ

ひいきにして、力を貸すこと

江戸の昔、駕籠《かご》かきといえば、「雲助《くもすけ》」などのあくどい連中を思い浮かべるが、実はたいへんな重労働だった。そのたいへんさを知っているから、駕籠かき仲間同士では損得抜きの助け合いがあったらしい。

疲れている人や重そうな駕籠を担いでいる仲間を見ると、すぐさま担ぎ棒の下に自分の肩を入れて手伝ってやった。だからといって、その分の駕籠かき賃をよこせとはいわない。あくまでも互助の精神から出た行為である。

そこから、困っている人やひいきの人の力になることを「肩入れ」するというようになった。

【使用上の注意】

ひいきの人に助力する意味からか、「片入れ」と書いてしまう人が多いようですが、「肩入れ」であって、「片入れ」ではありません。

〇〇七
難易度 ★

片棒を担ぐ

ある企て、多くは悪事に加わること

語源は想像の通りだ。江戸時代のタクシーとでもいうべき駕籠《かご》は、二人の男が駕籠に通した担ぎ棒の、先（先棒）と後ろ（後棒）に肩を入れて担がれた。先か後かはどうでもよいが、どちらかを担ぐことを「片棒を担ぐ」といい、何かの仕事に協力して、半分を受け持つ意味があった。

それがいつの頃からか、一緒に組んで悪事を働くという悪い意味に変わってしまった。駕籠かき＝雲助《くもすけ》駕籠の連想からかもしれない。

類語に「お先棒を担ぐ」があり、これも悪事に加担して、軽々しく手先になることをいう。若者言葉の「パシリ」も、度を超すとお先棒を担ぐと同じ意味になる。

【使用上の注意】

「片棒を担がされる」のは、よくないことと相場が決まっています。よいことなら、「おれにも〝肩入れ〟させてくれよ」と使うのが適切です。

〇〇八
難易度
★★

くだらない

つまらない。価値がない。取るに足りない

灘の生一本といえば、旨い酒の代名詞。江戸の昔、樽詰めにされた灘の酒は、馬の背や船に揺られながら江戸まで運ばれた。酒は適度に揺すられることで味わいを増す。それを、江戸の飲兵衛たちは経験的に知っていたらしい。

そこで上方から江戸へ下った酒は旨いともてはやされたが、どこで造ったかわからない地元の酒は、「こいつは上方から下った酒じゃねぇ」「下らねぇ酒だ」と、低く見られたという。

そこから、つまらないもの、取るに足りないものを「くだらない」というようになった

【使用上の注意】

もともと「下らない」としか使われない言葉なので、「これは下る酒だ」という表現はあり得ません。

〇〇九
難易度
★★

下馬評《げばひょう》

責任のない第三者がする勝手な批評、噂話

江戸時代、馬に乗った武士などが、城や寺社に入るとき、馬から下りなければならない場所が決められていて、そこを「下馬」といった。主人は中に入るが、供回《ともまわ》りの者たちは、下馬で主人の帰りを待つのが定めだった。暇を持て余した供の者たちは、世間の噂話や他人の批評などをして時間をつぶすしかない。単なる時間つぶしなので、噂の真偽などお構いなしにあることないことを話題にした。そんなところから、第三者による、無責任な噂話や興味本位の批評・評価を「下馬評」と呼ぶようになった。

今日では、競馬の予想やスポーツの順位予想だけでなく、選挙の票読みなどにも使われる。

【使用上の注意】

どんなに上品な内容の批評でも、「下馬評」は「下馬評」。「上馬評」という言葉はありません。

〇一〇 難易度★★

ごまかす

人の目をあざむくこと

江戸の昔、文化・文政期に「胡麻胴乱《ごまどうらん》」という菓子があった。小麦粉にゴマを混ぜて焼いたもので、「胡麻菓子《ごまかし》」とも呼ばれた。一説には中国から伝来した、珍しい菓子だともいわれる。ところがこの菓子、見た目にはとてもおいしそうに見えるのに、食べてみると中は空っぽで、たいしておいしくなく、あまり江戸っ子には好まれなかったようだ。

そこから、見た目と中身に開きのあるものに期待を裏切られたときに、「こりゃ、胡麻菓子だ」とか「ごまかされた」というようになった。

【使用上の注意】

漢字で「誤魔化し」とも書かれます。当て字ながら、意味が伝わってくる漢字の組み合わせです。また、同じような意味の「だます」「あざむく」が、「恩人をだます」「敵をあざむく」のように主に人が目的語なのに対し、「ごまかす」は「年齢をごまかす」「経歴をごまかす」のように内容も目的語になります。

〇一一
難易度
★★

しもた屋

商売をやめてしまった商家のこと

江戸時代、商売で成功して財産ができると店をたたみ、普通の民家のような格子戸づくりの家に住んで、ひそかに金貸しなどをする者が多かったという。「しもた屋」とは、「仕舞うた屋」からきていて、店仕舞いをした商家がもともとの意味。必ずしも成功して店をたたんだ家ばかりではなく、商売に失敗して店をたたむ場合もあっただろう。

しもた屋風の家が大枚を貯めこんでいるかどうかは、外見からではわからないはずなのに、時代劇で押し込み強盗に狙われるのは大店《おおだな》か、しもた屋風の家と相場が決まっている。今日では、商家でない普通の民家のこともしもた屋という。

【使用上の注意】

ビルのテナントが店じまいしても、「しもた屋」とは呼びません。もともとの意味からして、木造平屋建ての町家のイメージになります。

〇二二
難易度 ★★

たらい回し

一つのものを順ぐりに送り渡すこと

救急患者の「たらい回し」のように、「たらい回し」という表現から受ける印象はあまりよくない。実は江戸の昔からある言葉で、仰向けに寝て、足でたらいを回しながら次の人に渡していく面白おかしい曲芸を指した。

足でたらいを回すのも「たらい回し」なら、自分のところでたらいを落とさずに、うまく次の人へ送るのも「たらい回し」だ。どこまでいっても果てしがない。観客の喝采《かっさい》を取るまで続くわけだ。そんなところから、今日では、自分のところの責任は果たすものの、最後の責任までは引き受けず、次の人に責任を押し付けることを「たらい回し」といっている。

【使用上の注意】

「たらい回し」は責任逃れをするときに使われる言葉です。言葉の基になった曲芸をイメージし、「この書類、各課にたらい回しにしてくれ」などと使っては笑われます。

〇二三
難易度 ★

ちんぷんかんぷん

わけのわからないこと

江戸時代から使われている表現で、相手の話している内容が全然理解できないことを意味した。語源としては、当時の儒学者たちが使う堅苦しい漢語をあざけってまねしたとか、外国人が話す言葉の口まねだとする説がある。どちらにしても、一般庶民には、どう聞いても「ちん」とか「ぷん」とか「かん」としか聞き取れない言葉が昔はたくさんあった。

幕末・明治にかけては、外国人が多くなり、ますますわからない言葉が増えただろう。最初は「ちんぷんかん」だけだったようで、さらに「ぷん」をつけて調子のいい言葉にしたらしい。「珍文漢文」からきたと想像するのは、うがち過ぎだろうか。

【使用上の注意】

「ちんぷんかんぷん」の原因には相手の話に筋が通っていない場合だけでなく、自分の理解能力が低い場合があります。まずは自分の理解力をチェックしましょう。

〇一四
難易度 ★★

べらぼう

ものごとの程度、異常さがはなはだしいさま

江戸っ子は何につけても気短で威勢がよく、もたもたしていて役に立たない人を見るといらいらするらしい。その気性が生んだ言葉が「べらぼう」だ。すりこぎ棒は穀物をつぶしたり、粉を練ったりする必需品だが、なぜか江戸っ子は気に入らない。いわゆる「穀《ごく》つぶし」にしか役に立たないといって、すりこぎ棒を「箆棒《べらぼう》」と呼んだという。箆《へら》は木や竹を削って、糊を練ったり塗ったりするものだが、やはり使い道が限られている点ですりこぎ棒に似ている。そこから、役立たずの人を罵《ののし》って、「この、べらぼうめ！」というようになったらしい。転じて、ものごとの異常さを強調し、「法外な」とか「とても莫大な」という意味にも使われるようになった。

【使用上の注意】

人を罵る言葉ですから、使わずにすませたい言葉です。「べらぼうな（法外な）利息を請求される」金融機関などは、近寄らずにすませたいものです。

〇一五　難易度★★

村八分

仲間はずれにすること

いつ頃から始まったのか定かではないが、少なくとも江戸時代以前から、村の慣習や掟を破った人やその家族は、村人から付き合いを断たれた。一種の私的な制裁だ。

なぜ「村八分」なのかというと、通常の付き合いを十分《じゅうぶ》とすると、葬式と火事の消火を手伝う二分以外は交際をしないからだ。道で会っても、いわゆる〝シカト〟する。これはなかなか辛い制裁だ。

日本は昔からムラ意識、運命共同体意識が強く、こうした意識は現代まで尾を引いている。会社や学校でも、「村八分」的な言動がいじめにつながっていないだろうか。

【使用上の注意】

差別語とも受け取られる可能性があるので、日常会話では使わないほうが無難な言葉です。

〇一六
難易度 ★★

やにさがる

気取って構える。得意気にニヤニヤすること

「美女に囲まれてやにさがる色男」などというが、この「やに」はタバコのやにのこと。その昔、タバコは吸うものではなく、キセルで呑むものだった。今日でもタバコはアクセサリー的な嗜好品で、ドラマなどはタバコのくわえ方、吸い方が意味を持つ。江戸の昔も同じで、キセルタバコは、雁首《がんくび》を上に持ち上げてキセルをくわえるのが粋な呑み方とされていた。これだと、苦いやにが吸い口に下がってくるが、そこは江戸っ子の粋がりで、やにの苦さを我慢してまで得意気にタバコを呑んだ。「やにさがる」といういい方はこうして生まれたが、とどのつまり、かっこつけるには、多少のことは我慢しなければならないということか。

【使用上の注意】

「あいつこのごろやに下がっているから、少しやに上げてやらなくちゃ」――これでは意味がまったく通じません。下がったものは、上げればいいというわけではないようです。

〇一七
難易度
★★

割り勘

頭割りで勘定を支払うこと

「割り勘」とは「割り前勘定」の略。大人数で飲食した際、頭数で平均して勘定を支払うこと。

江戸後期に活躍した戯作者《げさくしゃ》・洒落本《しゃれぼん》作家で浮世絵師でもあった山東京伝《さんとうきょうでん》が始めたといわれている。京伝先生、当時は売れっ子で、けっこう金回りはよかったはずなのに、自ら開いた宴会などでも決まって頭数で平均して勘定を払う「割り前勘定」をしたようで、当時は「京伝勘定」とも呼ばれた。

明治に入り、京伝の名は忘れられたが、「割り勘」だけは残って、現代も行われている。酒席で、酒の飲めない人に「割り勘」を強いるのはちょっと気の毒だ。

【使用上の注意】

英語では go Dutch「オランダ勘定」といわれましたが、古い表現で最近はあまり使われないようです。

〇一八
難易度 ★★

はすっぱ

言動が軽薄、下品なさま。特に、女性に対して使われる

今はもう見られないが、江戸時代、お盆の時期になると、供物を盛る蓮の葉を売り歩く、「蓮葉《はすは》商い」という商売があった。短い間の商売で、蓮の葉も一時的にしか役に立たないところから、「蓮葉商い」は粗製品や役に立たないものを売る、きわもの商いという意味にも使われた。そこから転じて、「蓮葉」だけで、粗野とか下品、軽薄などの意味で使われ出し、発音も促音化して「はすっぱ」になった。

なぜこの言葉が特に女性に対して使われるかというと、当時、旅籠《はたご》などで客を接待する下女などを「蓮葉女」といったからだ。蓮葉女はときには客に色も売った。そこから、身持ちの悪い、軽薄な女に対して使われるようになったらしい。

【使用上の注意】

「はすっぱな娘ですが、末長くよろしく」――へりくだる意はわかりますが、それでは娘さんがかわいそう。相手も引いてしまいそうです。

〇一九
難易度 ★★

お茶を挽《ひ》く

商売が暇なこと

本来は、江戸時代の遊郭で遊女に客がつかなくて暇なことを指したが、一般化されて商売が暇なことを意味するようになった。

語源として有力な説は、客のつかない遊女が、金を稼げない罰として客に出すお茶を茶臼で挽く仕事をさせられたからという。江戸時代の文献に、「お茶挽き女郎」という言葉が見られる。お女郎さんの窓際族（お女郎さんは格子窓にいるのでこの表現はおかしいかもしれない）というところか。語源自体があまり上品ではないので、今日では「お茶を挽く」という表現はあまり使われないようだ。

【使用上の注意】

「ただ今、お茶を入れて参ります」のつもりで、「お茶を挽いて参ります」なんていい間違えないようにしましょう。そばやコーヒー豆は挽くけど、緑茶は挽きません。手順を考えればわかるはずです。

〇二〇
難易度★★

手管《てくだ》

人をうまく操ったり、だましたりする駆け引きの手際のこと

江戸時代、遊女などがおいしい言葉で客をだましたりすること、また、しのび逢うことの手段を尽くす遊女の情夫のことをこういった。普通、同じ意味を表す「手練《てれん》」と一緒に「手練手管」という熟語の形で使われる。なぜ「管《くだ》」というかについては、諸説あってはっきりしない。古い時代、「段」を「きだ」と読んだことから、「手段」と書いて「てきだ」と読み、それがなまって「てくだ」になり、「管」の字を当てたとする説もある。しかし、人を欺《あざむ》くという意味の「手くだり」の「り」が取れたとする説が一般的だ。

いずれにしろ、いつの世も、水商売の世界には「手練手管」に長けたプロがいるものと、用心したほうがよい。

【使用上の注意】

「社長は、君の仕事の手管を高く買っているよ」――いいたいことはわかりますが、普通、評価する場合は〝手管〟ではなく〝手腕〟が使われます。

〇二二
難易度
★★

半可通《はんかつう》

知らないことも、いかにも知っているように振る舞う人のこと

聞きかじりの知識をひけらかし、いかにもその道に通じているかのように通人《つうじん》ぶる人のことを「半可通」という。「半可」は当て字と思われ、はっきりした根拠は不明だが、「生半可」などと同じで不十分とか未熟を意味する。要するに、「半可通」とは、見かけ倒しの通人といったところか。

ちなみに通人とは、特に花柳界に通じている人をいい、「粋《いき》」の何たるかを心得ており、粋がって知識をひけらかしたりはしないものだ。「粋」は「すい」とも読み、「通人」と同じような意味合いで、「粋人《すいじん》」という呼び方もある。

【使用上の注意】

「半可通」という言葉は学術分野でも使われます。分野の権威である大先生の前では、大学院生などは「半可通」といわれても仕方がありません。職場でも、「半可通」は嫌われます。

〇三三
難易度 ★★

野暮《やぼ》

洗練されていないこと。また、そういう人

もともとは遊郭などの事情に暗いことで、その後、都会的に洗練されていないさまを表すようになった言葉だ。語源は明らかではなく、田舎者の意味の「野夫《やぶ》」から音が転じたという説や、雅楽で使う笙《しょう》には音の出ない管が二本あり、「也《や》」と「亡《ぼ》」と呼ぶ二つを合わせて、役に立たないもの・役に立たない人を「やぼ」というようになったという説もある。

いずれももっともらしいが、確かなところは不明だ。野暮の語源をあれこれ探し求めるのも、野暮といえばいえなくもないか。

【使用上の注意】

取り立てて説明する必要もない用事、特に風流や遊びの要素のない用事を「野暮用」といいます。「ちょっと野暮用があって……」などといわれたら、深く追求するのは「野暮」なこと。あなたとの約束より、大事な用事ができただけのことです。

〇二三
難易度
★★

土壇場《どたんば》

進退きわまり、最後の覚悟を迫られる場面

血生臭い話だが、江戸時代の刑罰に斬首《ざんしゅ》という刑があった。首を切るのだから、もちろん死刑。さて、その執行方法はというと、穴を掘ったそばに一段高く土を盛り、罪人を座らせて、首切り役人がバッサリとやった。首も胴体も穴の中。有名な首切り浅右衛門は、番傘をさして、片手で刀を振り下ろしたという。罪人が座らせられる一段高い盛土を「土壇場」といい、座ったら、もはや覚悟を決めなければならない。ここから、進退きわまった状況を「土壇場」というようになった。

今日では斬首はなく、生死にかかわることはないだろうが、土壇場に追い込まれたら、覚悟を決めなければならない。

【使用上の注意】

〝窮鼠《きゅうそ》猫を噛む〟――相手を土壇場に追い込むと、逆襲を受けます。コミュニケーションに大切なのは、言葉の使い方だけでなく、相手への思いやりです。

〇二四
難易度 ★★

はったり

大袈裟なことをいったり、できもしないことをできそうに見せること

『広辞苑』によると、第一の意味は、「殴ること。喧嘩をしかけて脅すこと」となっている。江戸中期の浄瑠璃『双蝶々曲輪日記《ふたつちょうちょうくるわにっき》』にも、「喧嘩しかけて物取るを、はったりというて今はやるげな」と出てくる。「はったり」とは、殴る意味の「張る」からきたと思われる。

現代では、「はったりを利かす」とか「はったりをかます」などというが、いずれにしろ、オーバーな話で相手を脅したり、できもしないことをできそうに見せかける意味で使われている。

【使用上の注意】

「そんなはったり、私には通用しないよ」というように、相手の胡散《うさん》臭い態度に対して使う言葉です。ときには、自分から〝はったり〟をかますのもありですが、かまし続ける覚悟が必要です。

〇二五
難易度
★★

眉唾物《まゆつばもの》

いかがわしい物や、疑わしい話

江戸時代、キツネやタヌキは人を化かす悪さをする動物と思われていた。そのキツネやタヌキに化かされないためには、眉に唾をつけるとよいという俗信があり、「眉に唾をつける」「眉に唾を塗る」などといった。そこから、いかがわしい物やだまされそうな話を「眉唾物」と呼ぶようになった。略して「眉唾」ともいう。

現代では、人を化かすのはキツネやタヌキではない。いかにもおいしい話らしく持ちかける先物取引の勧誘やネズミ講、あるいは振り込め詐欺など、人が人を化かす時代だ。眉に唾をつけるくらいではとてもかなわない。眼をよく見開き、肝に銘じて、「眉唾物」には手を出さないよう、くれぐれもご用心。

【使用上の注意】

「こないだ古道具屋で、眉唾物の古伊万里を見つけたけど、高くて手が出なかったよ」
――それは垂涎物《すいぜんもの》。唾《つば》と涎《よだれ》以上の違いがあります。

〇二六
難易度
★★★

お転婆《てんば》

若い娘が慎みもなく活発なこと。また、そういう娘

江戸時代、オランダ語のオテムバアル（馴らすことができない。野生のという意味）を、日本人が「オテムバ」と聞いて、それに「お転婆」の字を当てたという説が『大言海』に載っている。だが、これはにわかに信用できない。オランダ語が入ってくる前から、活発さを表すと思われる「テンバ」という言葉があったからだ。

一番素直な説は、宿駅の公用馬「御伝馬《おてんま》」が、よいえさを食べ、元気よく跳ね回るので、ここから転じて、活発な若い娘を「御伝馬」と呼び、変化して「おてんば（お転婆）」となったという説。語呂といい、イメージといい、説得力のある説である。

【使用上の注意】

「お転婆ないたずら坊主だね」——雰囲気はわかりますが、「お転婆」は本来、若い娘を意味するので男の子には使えません。

〇二七
難易度
★

かまとと

知っているのに知らないふりをすること。また、そんな人

「かま」は蒲鉾《かまぼこ》、「とと」は幼児語で魚を意味する。蒲鉾が魚からできているのはだれでも知っていることなのに、「蒲鉾はととからできているの？」「蒲鉾はととなの？」などと、さも知らないふりをして人に聞くような、うぶを装う人を「かまとと」という。女性のことをいう場合が多く、こんなアイドルは少なくない。「ぶりっこ」が似たような意味になるだろう。

「かまとと」は、幕末に上方の遊郭で使われ始めたらしいが、知ったかぶりをする女性より、何も知らない女性のほうが男心をくすぐるのは今も昔も変わらないようだ。

【使用上の注意】
語源から考えると性別は関係ないのですが、ほとんど女性に対してだけ使われる言葉で、男性に対してはまず使われません。

○二八
難易度 ★★

へそくり

倹約し、内緒で貯めたお金のこと

「へそくり」とはいっても、腹巻に隠したお金のことではない。江戸の昔、女房は財布の紐を握っていなかった。そこで、自分で使えるお金を得ようと、紡いだ麻糸を綜麻《へそ》（糸巻き機）で繰り、麻布を織ってわずかな小遣い銭にした。つまり、もともとは「綜麻繰り金」だったが、この綜麻が人間の臍《へそ》と混同されて、「臍繰り金」と当て字されたらしい。

今日、ヘソクリといえば、女房が倹約して、亭主の稼ぎの中から少しずつ取りおいて自分の小遣いにすることのようだが、昔のヘソクリは自分で稼いだお金だったのだ。

【使用上の注意】

語源からすると、「へそくり」は本来へそくった人のものです。夫といえども、妻のへそくりに対して「俺が稼いだへそくりを出せよ」とはいえないようです。

〇二九
難易度
★★

手塩にかける

自ら世話をして大事に育てること

古く室町時代から、身分のある人たちが食事をする際、それぞれが好みの味加減をするために食膳に置かれたのが「手塩」。今の食卓塩といったところだろうが、当時、塩は貴重な調味料だった。「手塩にかける」という表現が使われ出したのは江戸時代になってからで、自分の好みの味加減をすることから、人だけではなく、動植物なども含めて、自ら世話をして大事に育てるという意味になった。

味加減をするのだから、「手塩をかける」のほうがしっくりする気がするが、そこが言葉の面白いところ。何かきっかけがあって「に」になったのだろうが、詳しくはわからない。

【使用上の注意】

お宝を大事にしまっておくだけでは、「手塩にかけたお宝」とはいえません。大事に守り育てていくという意味ですから、持っているだけでなく、手をかける必要があります。

〇三〇
難易度★★

垢抜《あかぬ》ける

姿形、立ち居振る舞いが洗練されていること

「灰汁《あく》が抜ける」ともいう。灰汁とは野菜などに含まれるえぐ味のことだが、この灰汁が抜けないと煮炊きしてもおいしくない。人間も同じで、灰汁の強い人はとかく人に嫌われやすい。灰汁が抜けるとさっぱりとした、当たりのやわらかな人柄になる。

一方、体の垢や汚れを落とすとさっぱりするから、「垢抜ける」といういい方もできた。どちらも江戸時代から使われている表現で、田舎じみた人が、都会的に洗練されること。地方から東京に出て来てしばらく暮らすうちに東京の水になじんできて、たまに郷里に帰ると、「あら、〇〇ちゃん、すっかり垢抜けしちゃって」などといわれる。そういわれて悪い気のする人はいないだろう。

【使用上の注意】

風呂嫌いの人をつかまえて、見たままに「垢抜けしないやつだな」などといってはいけません。

〇三一
難易度
★

折紙つき

鑑定保証書のついているもの。確かなもの

宝石・刀剣・絵画・焼き物などの高価なものには、専門家が鑑定した保証書がついているのが普通だ。今日、鑑定保証書は一枚の紙ですまされているが、昔は、刀剣の鑑定保証などは、しわがなくきめの美しい和紙を二つ折りにした奉書紙《ほうしょがみ》に認《したた》めるのが正式だった。鑑定書を書く人は、いわゆる「目利き」と呼ばれ、江戸初期に活躍した本阿弥光悦《ほんあみこうえつ》などが有名だ。

そこで正式な鑑定書は「折紙」と呼ばれ、品質あるいは本物であることを保証した。今では奉書紙の折紙は使われないが、確かな鑑定保証つきという意味で、「折紙つき」という言葉だけが残っている。

【使用上の注意】

色とりどりの紙を期待してはいけません。子どものときに遊んだ「折り紙」とは、使用目的も意味も違います。色は地味ですが、正式な鑑定保証書です。

Q3の答　B

「職人言葉」の巻

つぶしが効く

縄張り

〇三三
難易度
★

うだつが上がらない

いつまでもぐずぐずしていて、なかなか出世できないこと

「うだつ」は梲と書く。建物の横に渡した梁《はり》の上に垂直に立てて棟木を支える短い柱のことで「うだち」ともいう。常に屋根（棟木）にのしかかられている梲のように、いつも頭を上から押さえつけられていて出世できないことの例えというのが一般的な説だ。もう一説に、梲はもともと「卯建」と書き、隣家との境に装飾と防火用とを兼ねた壁を「卯」の字形に高く張り出させた構造物のことで、貧乏な家ではとてもこの壁を上げられなかったことから生まれたことわざだとする説がある。また、梁の上に棟木を支える梲を上げられないと、当然屋根も造れないから、家のない境遇にある者の例えだとする説もある。

いずれの説も、貧乏と無縁でないところが共通している。

【使用上の注意】

もともと否定的な意味の言葉なので、「最近、うだつが上がって課長に昇進したよ」などとは使いません。

〇三三 難易度★★★

丼勘定

大雑把な金銭の出し入れのこと

「丼勘定」といっても、焼き物のドンブリで金勘定をすることではない。昔、大工や左官といった職人たちが着ていた腹掛けの前についた、ポケットのような物入れをドンブリと呼んでいた。職人たちはここにお金を入れておき、何かの支払いの際には、ドンブリに手を突っ込んでろくに数えもしないで支払うことが多かった。

何しろ、「宵越しの銭は持たねぇ」という江戸っ子気質《かたぎ》だから、細かなことは気にしない。だいたいのところで勘定が合えばいいさという具合だった。そんなところから、大雑把《おおざっぱ》な銭勘定を「丼勘定」というようになった。

【使用上の注意】

「あの女優、自分の年を丼勘定してるよ」などとは使いません。この場合は、「丼勘定」ではなく、「鯖読み」が正解です。

〇三四 難易度 ★

縄張り

縄を張り巡らし、境界を定めること。また、その縄を張った内側のこと

「縄張り」というと、すぐにヤクザの世界を思い浮かべるが、それだけではない。もともとは建築用語で、戦国時代以降、城や邸宅などを建てる際、建物の配置を定めるために図面通りに縄を張ることを「縄張り」といった。その内側は立ち入りが禁止されたことから、後にヤクザの世界で、自分たちの勢力の及ぶ範囲を「縄張り」と呼ぶようになった。

縄を張って特定区域を囲う習慣は古く万葉時代からあり、神社の標縄《しめなわ》や、一般人の立ち入りを禁じた標野《しめの》といった言葉がそれを示している。また、生物学ではある動物が棲息する地域を縄張りと呼ぶ。もちろん、実際に縄は張られていない。

【使用上の注意】

「ここは俺の縄張りだから、安心して飲めよ」などと意気がっていると、本当に縄張りを持つヤーさんが居合わせた場合、怖いことになりますから、控えたほうがいいでしょう。

〇三五 難易度★★

ろくでなし

どうしようもない役立たず

『ろくでなし』というシャンソンの名曲を越路吹雪が歌っていたが、語源は意外なところにあった。「ろくでなし」の「ろく」とは、漢字で書くと「陸《ろく》」で、もともと「水平」とか「歪みがない」といった意味の言葉だ。それを「陸でなし」と否定するのだから、「水平でない」とか「歪んでいる」という意味になる。

大工が家を建てる際、水糸《みずいと》を張って土台の水平を確かめる工程があり、このとき、「陸」を正確に読むことが家を建てる基本となる。それが満足にできない職人は「ろくでなし」、一般にものの役に立たない人を「ろくでなし」と呼ぶようになった。

【使用上の注意】

シャンソンの詩では「ふだつき」や「泥棒」と並んで使われている強烈な侮蔑《ぶべつ》の言葉です。「俺はろくでなしだから」とワルぶるのはかまいませんが、他人を「ろくでなし!」呼ばわりするのは相当の覚悟が要ります。

〇三六
難易度
★★★

段取り

ものごとの順序・方法を決めること

神社仏閣に石段はつきもの。普段は何気なく上り下りしている石段だが、歩きやすい石段とそうでない石段がある。さて、どこが違うのか。昔の庭師たちは、長年の経験と磨いた技術で、段の高さや奥行きの深さなどを石の大小・形に合わせて調節したものらしい。

このように石段をつくるときに、前もって手順や方法をきちんと決める作業が「段取り」で、「段取り」がうまくできていないと、歩きにくい石段になってしまう。そこから、一般に、仕事の手順や方法をうまい具合に決めることを「段取り」と呼ぶようになった。何ごとも、段取りが悪いとものごとが順調に運ばない。

【使用上の注意】

「段取りが悪いと、納期に間に合わないぞ」という上司を見かけますが、しっかりした段取りに必要なのは経験と技術。能天気に叱責する前に、部下にしっかりした経験を積ませるのが、段取り上手な上司です。

〇三七
難易度
★★★

伸《の》るか反《そ》るか

運を天に任せてものごとに当たるときに使う言葉

「伸る」は真っ直ぐに長く伸びる、「反る」は後ろに曲がる意味だ。昔、弓矢の矢を作る職人は、なるべく真っ直ぐな竹を切り出し、それをさらに真っ直ぐにする型に入れて、煙でいぶしながら何年か乾燥させた。竹を型から取り出して、真っ直ぐならば矢として使える。反ったり曲がったりしていては矢にできない。

竹の性質にもよるから、型から出すまで使える竹かどうかわからない。要するに、運まかせの部分が矢作りにはつきものなのだ。だから、矢作り職人は、竹を型から外すとき、「伸るか反るか」と緊張した。運を天に任せるような場面で、この言葉は使われる。

【使用上の注意】

「伸るか反るか」は「一か八か」と同じ意味合いで使われます。頻繁に使っていると、「反る」可能性も高くなります。重大な決意・行動に関して使われる言葉ですから、やたらに使わないほうがいいでしょう。

〇三八
難易度
★★

冷やかし

買う気がないのに、商品を確かめたり、値段を聞いたりすること。また、からかったりすること

江戸は浅草山谷の紙漉《す》き職人たちは、紙を漉く前に、煮込んだ紙料《しりょう》を水に漬けて冷まさなければならなかった。紙料が十分に冷めるまで、けっこう時間がかかる。

何もすることがなくて手持ちぶさただった職人たちは、吉原へ出かけたが、登《とう》楼《ろう》する金もなく、ただ格子窓の遊女たちを眺め、品定めをしながらぶらぶらしているほかない。紙料を冷やかす間、そんな風にして時間をつぶしていたところから、「冷やかし」というようになった。今のウインドーショッピングといったところか。

【使用上の注意】

「冷やかしお断り!」の張り紙をしている店をときどき見かけますが、いかにも商売下手なやり方です。客を気楽に店に入れるためには「冷やかし大歓迎」が正解でしょう。

〇三九
難易度 ★★

辻褄《つじつま》が合う

筋道が通り、前後一貫すること

「辻」は裁縫で縫い目が十字となる部分、「褄」は着物の裾の左右の重なる部分を指す。この両方がきちんと合わなければ、着物の仕立てとしては落第なのだ。縫い目が真っ直ぐで、辻がしっかりしていないと、「褄」も合わないことから、一般に、広くものごとの道理や理屈が整合していることを「辻褄が合う」というようになった。

人を説得するときも弁解をするときも、話の「辻褄」が合わないと相手は納得しない。正しい結果を得るには、正しいやり方でことを進めるのが一番である。

【使用上の注意】

「帳尻を合わせる」と混同して使われがちですが、本来はまったく別の意味です。首尾一貫している「辻褄を合わせる」に対し、途中でごまかしなどがありながら、最後はうまく仕上げるのが「帳尻を合わせる」です。

〇四〇
難易度
★

二束三文《にそくさんもん》

値打ちがなく、非常に値段が安いこと

「二束」は何かを「ふたたば」にした意味で、「三文」の「文」とは昔の通貨単位の最も低いもので、「三文」はわずかな金を指す。したがって、「二束三文」とは、何かを単独で売るのではなく、二束まとめて売ってもわずかな三文にしかならないほど安い意味となる。幕末・明治の頃、いわゆる官軍によって、東北地方の土地や人々は、「白河以北、一山百文」とか「二束三文」と貶《おとし》められた。そうした恨みもあってか、会津と薩長間には何回か和解の試みもあったが、いまだにわだかまりは消えていない。

また、「二足三文」と書く場合もあり、江戸時代の初めに売られていた金剛草《こんごうぞう》履《り》という履物が、二足で三文だったからといわれる。

【使用上の注意】

「こんな〝二束三文〟の給料じゃ、結婚もできないよ」――苦しい台所事情は伝わりますが、誤りです。ここは単に「安月給」で十分でしょう。

〇四一
難易度 ★

やまかん

勘を頼りにうまくやろうとすること

戦国時代、甲斐《かい》の武田信玄の軍師に山本勘助なる者がいたという。実在したかどうかは定かではないが、知略に長けた男で、武勇よりも頭脳で信玄を支えたという。勘助の建策は多くの場合、図に当たり、信玄は戦を有利に進めることができた。「勘助のいうことは当たる」と誰もが認め、そこから「やまかん」なる言葉ができたという説がある。

しかし、この説は怪しい。山で鉱脈を探る山師たちが、長年の経験を働かせて目標を掘り当てたところから、「山師の勘」＝「やまかん」になったという説のほうがもっともらしいが、どうだろう。

【使用上の注意】

「やまかん」も「第六感」も「勘」なので、大きな違いはありませんが、言葉の印象としては、「やまかん」はどこか胡散《うさん》臭く、「第六感」のほうが神秘的で上品な響きがあります。

〇四二
難易度
★★

沽券《こけん》にかかわる

人の面子や品位に差し障りになること

「沽券」とは、もともと土地や財産などの、売り渡し証文を意味した。「沽」には「売る」という意味があり、「沽券」は売値の意味にも使われた。売ったり買ったりするものは、当然、値打ちのあるものである。その売買の証文が「沽券」であり、「沽券」そのものも大事なものだった。いつも身近に置いて、しっかり管理しておくべきもの。

それが転じて、「沽券」を持っている人間の値打ちとか品位をも意味するようになった。それが失われることは、実はたいへんなことなのだ。

【使用上の注意】

「沽券」は面子《めんつ》や品位という意味で使われますが、どういうわけか、女性はあまり使わないようです。何かあるとすぐに「男の沽券にかかわる」などと息巻く男性を見かけますが、それこそ品位を疑いたくなります。

〇四三
難易度
★★

管《くだ》を巻く

酒に酔ったときなど、つまらないことをくどくどしくいうこと

織物業界から出た言葉。織物を織る前には原糸に縒《よ》りをかける作業がある。紡《つ》錘《む》の管の芯に糸を巻いていく管巻き作業だ。この作業をしていると、管が「ブーン、ブーン」という単調で耳障りな音を立てる。それが酒に酔った人が、とりとめもなくくだらない話をぶつぶつ繰り返すのに似ているところから、「管を巻く」という表現ができた。

酔っ払いは、同じ話を何度も繰り返すことが多い。くだらないだけでなく、聞かされるほうにしてみれば迷惑千万。酔っ払いが管を巻き始めたら、早々に酒席を引き上げるに限る。

【使用上の注意】

「管を巻く」のと「とぐろを巻く」のは大違い。「管を巻く」のは酔っ払い、「とぐろを巻く」のは不穏な輩《やから》たちの専売特許です。

Q4の答　B

〇四四　難易度★★

鯖《さば》を読む

自分の都合に合わせて、実際の数をごまかすこと

タレントがデビューするとき、実際より若い年齢をいう場合がある。「鯖を読む」の典型例だが、数をごまかすことをなぜ「鯖を読む」というのか。鯖はよく獲れる大衆魚で、魚市場では、あまり丁寧に数えず、非常に早口で数えながら箱に放り込むらしい。

その結果、鯖の本数が実際の数と合わないことも多い。ここから、いい加減な数え方をすることを「鯖を読む」というようになった。「読む」とは、「票を読む」と使うように、数えること。鯖にとっては不名誉な使われ方だが、語呂のよさで定着した表現だろう。

【使用上の注意】

「知らない言葉をサバヨミしたら、笑われちゃった」——ありそうな会話ですが、鯖を読むのは数に関してだけ。他には使いません。

Q5の答　C

〇四五
難易度
★★

つぶしが効く

ほかのことをやっても、それなりにできること

社会問題にもなっている官僚の天下りは、「つぶしが効く」立場にいたからこそできることだろう。鉄をはじめ金属類でできている道具や機械は、たとえ使い古しても、溶解して（つぶして）地金にしても役に立つし、再生も可能だ。つまり、「つぶしが効く」わけだ。

人間社会も同じで、一つの職場を退職しても、能力・技術・人脈などを活かして、違う職場に就けることを「つぶしが効く」という。手に職があって、食いっぱぐれがないのとはちょっと違う。世の中には、つぶしの効く職業と効かない職業があるようだ。

【使用上の注意】

「韓国代表の身体を張ったつぶしに負けないよう、日本は俊敏な動きがポイント」――正論ですが、ちょっと意味が違います。もっとも〝つぶし〟に打ち勝つのが、世界で〝つぶし〟の効くサッカー選手でしょうか。

〇四六
難易度 ★

根回し

関係者たちに事前に了解を取り、話をつけておくこと

成長した木を移植する際、前もってその周囲を掘り、根の一部を切り落として細根の生育を促すことを造園用語で「根回し」という。この言葉が、事前に関係者たちと話をつけておく意味に使われ出したのは、昭和四十年代からで、比較的最近だが、昔から根回しはあったに違いなく、日本は「根回し社会」だといわれる。

もっとも、「根回し」が必要なのは、日本だけでなく、国際社会でも同様。国際会議などでは、往々にして日本の根回し下手が目につく。会社を定年後、地域社会とのつきあいでも、根回しが必要な場合はある。会社レベルではなく、世界基準の根回し術を身につけておいて損はない。

【使用上の注意】

「根回し」にはどこか陰湿なイメージもありますが、損得にかかわらず、「私が根回ししておきます」と取りまとめ役を買って出るのも悪くないことです。

「歌舞伎・芸能」の巻

二枚目

差し金

〇四七
難易度 ★

板につく

態度や仕草がその人の地位や仕事などに相応であるさま

板につくからといって、蒲鉾《かまぼこ》のことではない。この「板」は芝居の板敷きの舞台のことだ。役者も初心者の頃は、足の踏み方や手の動かし方がぎこちなく、舞台で浮いてしまいがちだ。

「板につく」とは、役者が経験を積んで芸や芝居が舞台にしっくりしてくる様子。浮ついたところがなく、しっかり舞台を踏みしめて芝居をしている感じがうまく表現された言葉だ。そこから、その人の態度や仕草が、いかにもその地位や立場にふさわしい様子のことも「板につく」というようになった。

【使用上の注意】

反対の意味で「板についてない」と使われ、ものごとに不慣れな様子を表すこともありますが、「板につく」は相手の成長を認めた一種のほめ言葉ですから、否定的な使い方は避けたほうが無難です。

〇四八
難易度★★★

おあいそ

飲食店などで客に出す勘定書き

女性が本心を隠して好きな男と縁を切ることを、歌舞伎の世界では「愛想尽かし」という。現実の世界でも、「愛想尽かしは金から起きる」といわれ、「愛想尽かし」には金が絡《から》むことが多いようだ。

そんなところから、江戸時代、飲食店などで客に勘定を請求する際、店主側が「どうも、愛想尽かしなことでございますが」などと、へりくだったいい方をするようになった。それが女言葉になった上、縮まって「おあいそ」になり、さらに「おあいそ」が「勘定」を意味するようになったという説がある。愛想のよくない店でも、請求するときは「おあいそ」というのだから、客としては面白くない。

【使用上の注意】

「おあいそ」はあくまで店側が使う言葉で、客は使わないのが原則です。しかも女言葉なので、「おあいそして」と男の客が使うのは変。「勘定して」というべきです。

〇四九
難易度
★★

大立者《おおだてもの》

ある社会において最も重んじられる人物

歌舞伎の世界では、役者に序列がある。一座の中心となる役者たちはタテモノと呼ばれた。オオダテモノ（大立者）とは、タテモノの中でも最も位の高い役者のことだ。

つまり、座頭《ざがしら》、立女形《たておやま》など、一座の中で技量が最も優れた役者で、いわゆる一枚看板に名前と絵姿が載るような役者のこと。タテモノよりさらに格上の役者だから、一座の中でも重きをなすのは当然だ。

そこから転じて、よい意味でも悪い意味でも、ある特定の社会において重要な地位にあって、大きな勢力を持つ人のことを大立者と呼ぶようになった。暗黒街の大立者もいるわけだ。

【使用上の注意】

「大立者」はどこの社会にもいるものですが、自分から「俺は大立者だ」という人はいません。周囲が持ち上げるのです。

Q6の答　C

〇五〇
難易度
★★

おはこ

最も得意とする技芸のこと。転じて口癖のこと

漢字では「十八番《おはこ》」と書かれ、そのまま「じゅうはちばん」と読む場合もある。江戸時代、歌舞伎役者・七代目市川団十郎が、代々得意芸とする荒事《あらごと》から十八番を選んでお家芸としたことによるという。

「番」は、狂言・能・舞などを数える単位で、「おはこ」と呼ぶのは、十八種の台本を箱に入れて保管したからとも、鑑定家が中身を真作と保証した「箱書き」からきているともいわれている。

今でも、カラオケで「おはこ」を披露する人は多い。また、人の口癖のことも、「またおはこが出た」などという。

【使用上の注意】

「何とかの一つ覚え」に近い意味で使われることもあるので、「おはこ」をほめられてもあまり単純に喜ばないほうがよさそうです。

〇五一
難易度 ★★

切り口上《こうじょう》

一句一句区切るように、はっきりと話す話し方

歌舞伎で、役者が舞台上から観客に行うあいさつを「口上」という。いろいろな口上があるが、一日の芝居の最後の幕が下りた後に座頭《ざがしら》などが行う「まず本日はこれぎり」といった決まり切ったあいさつを、幕切れ後のあいさつという意味で「切り口上」といった。

丁寧といえば丁寧だが、一句一句区切るような話し方で、いかにも儀礼的で素っ気なく、そのような形式ばった紋切り型の話し方を「切り口上」と呼ぶようになった。「あいつは切り口上でものをいう」といった表現には、相手に対する嫌悪感が含まれている。

【使用上の注意】

「切り口上」と「啖呵《たんか》」を同じものと思っている人が多いようですが、まったく別のものです。切れ味がよく、聞いていると胸がスッキリするのは、「啖呵」のほうで、「切り口上」ではありません。

〇五二 難易度★★

極めつき

定評のある確かなもの

書画・刀剣・茶道具など、骨董類に添えられた鑑定の証明書を「極書《きわめがき》」という。鑑定人の自筆で書かれ、花押《かおう》または印を押して作品に添付するものだ。これがついているものを「極めつき」と呼ぶが、歌舞伎の世界ではちょっと違った意味に使われる。役者の演技が素晴らしく、ほかに真似のできないものと誰もが認めた芸を「極めつき」といい、そこから、定評がある確かなものを「極めつき」と呼ぶようになった。

「極めつき」は、正真正銘の極上品との保証のことであり、安物には存在しない。

【使用上の注意】

「極めつき」といわれても、よい評価とは限りません。類語に「折紙つき」がありますが、どちらも「極めつきの悪《わる》」「折紙つきの怠け者」といった風に、皮肉に使われることもあります。

〇五三
難易度
★★

けれんみ

奇抜で人の意表を突くようなこと

「けれん」は漢字で「外連」と当てる。「けれん」という言葉自体は、「紛《まぎら》わす」といった意味だが、歌舞伎の世界に取り入れられて少し意味が変わり、早替わりや宙乗りのように観衆を驚かす芸を指した。そうなると、観客の期待も高まり、俗受けを狙ったさまざまな芸や舞台の仕掛けが工夫されるようになった。

「けれんみ」（外連味）と使うのは比較的新しいが、今日では、歌舞伎以外の分野でも、「けれんみのない語り口」などと、はったりやごまかしのないという意味で広く使われる。

【使用上の注意】

「スーパー歌舞伎」が演じられる今日では、歌舞伎の「宙乗り」も「外連」ではないようです。「けれんみ」は、時代とともに変わっていくものです。また、「味」という字が入っていても、「外連味」は、食べ物に関して使われることはありません。

○五四
難易度
★★

差し金

裏で糸を引いて人を操ること

「差し金」とは、歌舞伎で使う作り物の蝶や小鳥などを、舞台の袖から操る針金のこと。人形浄瑠璃では、人形の手首や指を動かすために腕の中に入れた細い鉄棒のこともこう呼ぶ。

どちらも隠れたところで舞台上の蝶や人形を操るわけで、差し金を使っている人の姿は見えない。差し金の使い方の上手下手は、蝶や人形の動きを見ればわかる。座頭《ざがしら》はそこに目を配り、下手な使い方を見つけると、「今のは誰の差し金だ」と叱責する。何しろ姿が見えないので、誰が差し金を使っているのかはわからない。そこから、自分の姿は見せずに、他人を操ることを「差し金」というようになった。

【使用上の注意】

今日では、悪い意味に使われる言葉です。「これは誰の差し金だ」と聞かれて、「はい、私です」と自慢気に答えるのは場違いです。

Q7の答　C

〇五五
難易度 ★★

だんまり

ひと言も発しないこと

暗転した舞台の上で、役者は台詞《せりふ》を発することもなく、相手と探り合いをしたり、ものを奪い合ったりする歌舞伎の演技がある。台詞が何もないことから、こうした演出を「だんまり」と呼ぶ。「だまる」の連用形「だまり」を強めた言葉だ。身振り手振りだけで、何をしているのか観客にわからせるのだから、かなりの熟練を必要とする芸だ。

今日では、刑事の取り調べに対し、何も答えない容疑者に、「だんまりを決め込む」などと使う。刑事が、「昼飯は天丼がいいか、カツ丼にするか」などといいながら肩に手を置くと、だんまりを決め込んでいた容疑者が「天丼にしてくれたら話すよ」——ありがちなドラマの演出である。

【使用上の注意】

返事も何もしないのが、「だんまり」です。自分に不都合なことを問われ、「私はだんまりを決め込みます」と答えた時点で、だんまりにはなりません。

〇五六
難易度
★

二枚目

色男、美男、やさ男

歌舞伎の世界では、芝居小屋の表に飾る看板の名は、一枚目は座頭《ざがしら》、二枚目は主演の美男俳優、そして三枚目は主役を引き立てる滑稽な役回りの喜劇役者と昔から決まっている。長い間続いている伝統だから、どうにもいたし方ない。そこから「二枚目」が、美男子を意味する代名詞になったわけだ。今の言葉でいえば「イケメン」というところか。「二枚目半」とか「三枚目」とかいわれる男性はつらいだろうが、昔から「色男　金と力は　なかりけり」というから、そう二枚目を羨むこともない。金も力もない三枚目となると確かにつらいが、金と力は努力次第、負い目をバネにがんばれば、面構えにも風格が出てそれなりにいい顔になる。

【使用上の注意】

何ごとも二番よりは一番、「超二枚目」を一枚目と呼びたいところですが、そうではありません。もっとも、二枚目を支えているのは、その他大勢の三枚目。鏡と相談しながら、役回りをまっとうしましょう。

〇五七
難易度
★★★

さわり

音曲や物語のいちばん盛り上がるところ

「さわり」というと、歌などの出だしの部分と思っている人が多いが、それは間違い。実は、浄瑠璃《じょうるり》の義太夫《ぎだゆう》節で、他の流派の節回しのよいところをアドリブで取り入れた箇所を「さわり」と呼び、これは他の流派に「触る」という意味だということ。

当然、聞かせどころとして優れている部分になり、そこから浄瑠璃以外でも「さわり」というと、いちばん盛り上がるよいところの意味になる。

「ヒット曲のさわりを歌う」「物語のさわりを読む」などと使われ、曲の場合はいわゆる「さび」と同じような意味になる。

【使用上の注意】

歌や曲の出だしの部分が「さわり」だと誤解している人が多いようですが、「さわり」に「最初の部分」という意味はありません。

〇五八
難易度★★★

のろま

動作や頭の働きが鈍いこと。また、そういう人

四代将軍家綱の時代、江戸に野呂松勘兵衛《のろまつかんべえ》という人形づかいがいて、人形浄瑠璃のあいだに間《あい》狂言を演じていた。男のつかう人形は独特で、頭が平たく、青黒い変な顔をした道化人形だった。つかい手の名を取って、野呂松人形と呼ばれていたらしい。勘兵衛は、いかにも愚鈍そうな人形をうまく操って観客の笑いを取り、人気を博していたという。

そこから、愚鈍そうな人を「野呂松人形のようだ」というようになり、縮まって「のろま」という言葉が生まれた。野呂松人形は佐渡に現存、土産品にもなっている。人形ならば、ひょうきんさで人気も得られようが、現実の人間が「のろま」では、困ったことになる。

【使用上の注意】

使う場合は、「まだ彼女に求婚していないのか。のろまだな、君も……」のように愛情と励ましを含んだ表現が望まれます。

〇五九
難易度 ★★

べそをかく

子どもなどが、泣き顔になること

幕末の国語の辞書『俚言集覧《りげんしゅうらん》』に、「ベソはベシなり」とあって、さらに「ベシとは能の面に大圧《おほべし》あり、その面のやうに、口を結びたるを云ふ」と出ている。つまり、「ベシ」は子どもなどが何か不快なことに遭って、口をへの字に曲げて結んだ様子で、この「ベシ」が変化して「べそ」になったと考えられている。「べそをかく」の「かく」は、「汗をかく」「恥をかく」の「かく」と同じ使い方で、あることを外に表すという意味。漢字では「掻く」を当てる。

普通、「泣きべそをかく」というが、単に「べそをかく」だけでも、泣きっ面で顔をしかめ、口を曲げている子どもの様子が浮かぶだろう。

【使用上の注意】

子どもが「べそをかく」のはよくあることです。大人も捨てゼリフとして、「今に見てろ。そのうちべそをかかしてやるからな」などと使います。

〇六〇
難易度
★★★

二の句が継げない

驚き、呆れて、次の言葉が出てこないさま

雅楽の朗詠《ろうえい》を三段に分けるときの、二段目の句を「二の句」という。二の句は、高音のまま朗詠し続けるところなので、息切れしやすく難しい。息が続かずに朗詠できないと、「二の句が継げない」ことになる。ここから、声を出せない様子を意味するようになり、さらに、驚いたり呆れたりして言葉を失う様子を指すようになった。

また一説には、和歌の初句を詠んで、次の句がうまく出てこないことを「二の句が継げない」と表現したのだともいう。いずれにしろ、言葉を失って呆然とした様子を指す。

【使用上の注意】

何か言葉をつけ足したときなど、つい「二の句を継ぐ」などと表現したくなりますが、それは誤り。あくまでも否定形で使う言葉です。

〇六一
難易度
★★

二の舞

前の人と同じ失敗をすること

古来からある雅楽の中に、「案摩《あま》」という舞がある。蔵面《ぞうめん》という、長方形の厚紙に絹を貼り、異形の目・鼻・眉・口を描いた面をつけた案摩と蘇利古《そりこ》の二人が踊る舞だ。この後に、咲面《わらいめん》と腫面《はれめん》という、これまた異様な面をつけた二人が、案摩の舞を真似て、滑稽な踊りをするのを「二の舞」といった。

それが転じて、人真似を批判する意味になり、さらにはばかげたことや人の失敗を繰り返す意味になった。平安中期に成った『栄華物語』に「今は二の舞にて、人の御まねをするになりぬべきが、いと口惜しきなり」とあり、すでに当時から、今日の意味に近いニュアンスで使われていたらしい。

【使用上の注意】

神楽などで「三の舞」「四の舞」といった舞はありますが、失敗を繰り返す意味を持つのは本来、「二の舞」だけです。失敗を重ねても、「三の舞」「四の舞」などという表現はありません。

〇六二
難易度 ★★★

めりはり

緩むことと張ること

邦楽用語に「めりかり」という言葉がある。「めり」は低く緩んだ音、「かり」は高く張った音のことだ。なぜ「めりかり」というかは不明だが、これが音声以外に関しても比喩的に使われるようになり、「かり」のほうは、いつしか「はり」に置き換えられ、「めりはり」となったらしい。

「めり」は緩んださま、「はり」は調子を強く張ったさまの例えに使われる。「めりはりのあるしっかりした文章」などのように、緩急のバランスがよく取れていることを「めりはりが利いている」などという。生活態度にも使われ、「勉強と遊びのめりはりをつけた生活をしろ」など、親が子どもに説教する場面で使われる。

【使用上の注意】

「めりはりを張る」――ありそうな表現ですが、「めりはり」は、「ある」か「ない」か「足りない」か、あるいは「つける」か「利かす」もので、「張る」ものではありません。

「元旦の朝の初日の出」は間違い？

日本人の一年は、古来、元旦の初日の出を拝むことから始まった。「初日」とは、元旦に上る太陽のことである。ではこの「元旦」とはどういう意味なのだろうか。

元旦を元日と同じだと思っている人もいるだろうが、実は違う。「旦」自体に「朝」の意味があり、「元旦」とは「元日の朝」を指す。したがって、「元旦の朝」というと重ね言葉になってしまう。

似たようなことで、年賀状に「新年　明けましておめでとう」と書く人がいるが、これもおかしい。「年季が明ける」「休暇が明ける」というように、「明ける」のは過去の期間であって、この場合は明けるのは旧年なのだ。したがって、頭に「新年」をつけるのは間違いになる。

新しい年は正しく迎え、寿《ことほ》ぎたい。

「日本の文化・日本語」の巻

げんまん

どさくさ

〇六三
難易度 ★★

げんまん

約束を守る証に、互いの手の小指をからませて誓うこと

「指切りげんまん。嘘ついたら針千本飲ます」――子どもの頃、大切な約束をするとき、こういって誓いを立てて、最後に「指切った」としめただろう。江戸の昔、遊女が客に誓約する証として自分の小指を切り落とした凄まじい行為が「指切り」で、子どもの世界ではそこまではせず、約束する者同士がお互いの小指をからませるようになった。「げんまん」とは「拳万」と書き、約束を破ったら、拳固《げんこ》で一万回ぶつという意味らしい。

針千本飲まされるのも、拳固で一万回ぶたれるのも、考えるだに恐ろしい制裁だ。子どもは、約束を守る大事さをこうして学んでいったのだろう。

【使用上の注意】

何でも略す人がいますが、「げんまん」は「現金で一万円」という意味ではもちろんありません。でも、約束を破ったら「現金で一万円」――効果がありそうな約束の仕方かもしれません。

○六四
難易度
★★

手玉に取る

人を思いのままに操ること

「手玉」とは、昔から女の子が遊びに使っていたお手玉のこと。小豆《あずき》や大豆などを入れたお手玉の小袋は、曲芸師などにかかると、思いのままに操られる。そこから、人を思いのままに操ったり、ときにはだましたりすることを「手玉に取る」というようになった。

したがってあまりよい意味では使われないが、スポーツ競技などでは、強い者が格下の者を軽くあしらう場合に「手玉に取る」と使われる。「手玉」には意思がなく、使い手次第でどうにでもなる。なお、手玉に取っているつもりが、実は手玉に取られていた――そうしたことはよくあることだ。

【使用上の注意】

あまりよい意味には使われません。「商談相手が大学の後輩で、うまく手玉に取り、契約がトントン拍子で進んだ」などという話が先方に漏れると、せっかくの取引もおじゃんになる可能性があります。

〇六五
難易度 ★★

一目置《いちもく》く

自分より力量の勝る相手に対して敬意を払うこと

もともとは囲碁の用語で、弱い方がハンディとして先に碁石を一つ盤に置くことをいった。「一目置かせていただきます」といえば、相手の力量を認め、ハンディをお願いする意味で、普通、弱い方が黒の碁石を取り、先に一目置くことになる。「一目置く」とは、「これから対局を始める」意味だったが、後に、弱い者のハンディという意味が薄くなり、ほかの場面でも使われるようになると、自分より能力が優れていると判断した相手に敬意を持って臨むことを意味するようになった。今では、他人を持ち上げるときに、「彼には一目も二目も置いているよ」などと使われる。

【使用上の注意】

目上の人に敬意を払うのは当たり前なので、平社員が目上の部長に「一目置く」とは使いません。その逆はかまいません。

〇六六
難易度
★★

駄目

やっても意味のない無駄なこと

囲碁は、白の碁石を持った者と黒の碁石を持った者が、石を交互に盤上に置いていき、それぞれ自分の石で囲った「地」を確保し、その広狭で勝負を決める競技だ。

ところが、双方の「地」の境にあって、ルール上どちらの地にもならない場所がある。いわゆる「駄目」と呼ばれるところで、石を置いても自分の地にはならないから、何の意味もない。そこから、やっても無駄なこと、やる価値のないことを「駄目」というようになった。

【使用上の注意】

本来は石を置かない「駄目」に、一手かけて念のために石を詰める場合があります。それが「駄目を押す」「駄目押しをする」で、念には念を入れるという意味になります。野球やサッカーで、勝負がほぼ決まっているのにさらに得点を加えた場合などによく使われます。

〇六七
難易度
★★

お茶を濁《にご》す

その場限りの適当なことをいって、取りつくろうこと

世の中、知ったかぶりをする人間は多い。知らないことを人に聞くのを恥だと思うのだろうか。「聞くは一時の恥、聞かざるは末代までの恥」といわれるように、知らないことは、よく知っている人に聞くのが一番だ。

「お茶を濁す」とは、お茶を点《た》てる作法や茶筅《ちゃせん》の使い方もろくに知らない人が、茶席のお点前《てまえ》でやったこと。適当に茶筅を振り、茶を泡立て濁らせて、その場をごまかした。ここから、ものごとをいい加減に取りつくろうことを「お茶を濁す」というようになった。その場しのぎのいいわけやいい加減な弁解で、上司の叱責《しっせき》を免れようとするのも、「お茶を濁す」やり方だ。

【使用上の注意】

「課長に数字のミスをとがめられたので、あれこれいってお茶を濁してきたよ」などと使いますが、お茶を濁してばかりでは進歩はありません。

〇六八 難易度 ★★

塩梅《あんばい》

味付けの具合。また、ものごとの具合、加減、程度

砂糖がある程度広く使われるようになったのは、江戸幕府八代将軍・吉宗の頃からで、それまでの料理は、主に塩と梅酢で味を整えた。つまり、塩と梅酢が料理の味加減を決めたわけで、これを「塩梅《えんばい》」といった。それがなぜ「あんばい」になったのか。実は、「按配《あんばい》」または「按排」と表記され、ものごとをうまく処理するとか具合よく並べるという意味の言葉があった。

「塩梅」も「按配」もどちらもよい具合にするということで、意味合いが似ていたために混同され、「塩梅」の読みも「あんばい」になったらしい。漢字の国・中国でもこの二語が混同された例があるという。

【使用上の注意】

「いい塩梅に、彼がやって来た」「ちょうどいい塩梅のお味ですね」などと使われます。塩漬けにした梅ではないので、「塩梅」を「エンバイ」と読んではいけません。

〇六九
難易度
★★

横紙《よこがみ》破り

道理に合わないことを無理やり押し通すこと。また、そのような人

「横紙破り」といっても、障子の紙を破る狼藉《ろうぜき》のことではない。一般に和紙の漉《す》き目（繊維の方向）は縦に入っていて、漉き目に沿って破けば、簡単に真っ直ぐに裂ける。ところが、漉き目と直角の横方向からだとなかなか破れないし、真っ直ぐには裂けない。そこから、道理に合わないことを無理やり押し通すこと、そのような人を「横紙破り」というようになった。

一説には、「よこがみ」には車の車軸（心棒）の意味もあり、車を横から押して心棒を壊してしまうような行為ともいう。

【使用上の注意】

「横取り」「横槍」「横恋慕」「横流し」「横領」――「横」を使った語は、当然のことながら正面から正々堂々と立ち向かわずに、道理から外れた意味になります。ナンバーワンの「横綱」になっても、心・技・体に精進しないと「横道」にそれてしまうようです。

〇七〇 難易度 ★★

どじを踏む

しなくていい間の抜けた失敗をすること

相撲の決まり手にはいろいろあるが、押し出しなど、相手の体の一部を先に土俵の外の土につかせる技がある。足が出たかどうかのきわどい勝負をしっかり判定できるよう、土俵のすぐ外は「土地《どじ》」と呼ばれ、土がきれいに掃き清められている。大相撲になればなるほど、力士は夢中になり、体勢は悪くないのに、ついうっかりこの「土地」を踏んでしまう。これがいわゆる「どじを踏む」の語源で、勇み足の場合もとにかくこれで勝負は負け。

相撲の世界に限らず、人間誰しも失敗はあるが、どじは踏まぬに越したことはない。

【使用上の注意】

どじを踏み、地雷を踏んで、踏んだり蹴ったり。薄氷踏んでも、二の足踏むな。韻を踏み、踏み踏みずくしで、地団駄を踏む。——踏ん張りどころを選ばないと、前に進めません。

〇七一 難易度★★

口裏を合わせる

事前に約束をしておき、互いのいうことが矛盾しないようにすること

毎度、世間を騒がせる談合事件。これなどは、「口裏を合わせる」例の最たるものだ。「口裏」は、古くは「口占《くちうら》」と書き、人の言葉を聞いて吉凶を占う意味だった。『源平盛衰記《げんぺいせいすいき》』に、「源氏追討《ついとう》の宣命《せんみょう》に、源繁昌の口占ありとぞ私語《ささや》きける」と出てくる。

その「口占」が、口ぶりから心中を推し測ること、また、言葉や言い方の奥に隠されている意図を察する意味に変わってきた。いわば本音と建前を聞き分けるわけだ。そこから、互いに建前は崩さずに本音を隠しながら、事前に打ち合わせをして、互いのいい分が矛盾しないようにすることを「口裏を合わせる」というようになったらしい。

【使用上の注意】

「あいつ、口裏の乾かないうちに、部長の意見に合わせたな」——ありそうな表現ですが、それをいうなら、「舌の根の乾かぬうちに」が正解です。

〇七二 難易度 ★★

挙《あ》げ句《く》の果て

いろいろあった結果として最後に行き着いたところという意味

室町期に完成された風流な遊びに、何人かが和歌の上の句と下の句を詠み合いながら続けてゆく連歌がある。最初の人が詠む五・七・五を「発句《ほっく》」、次の人が詠む七・七を「脇句《わきく》」と呼ぶ。連歌は三十六句（歌仙）、百句（百韻）、さらに千句などと詠みつないで完成させる和歌の芸術だ。その連歌で一番最後の人が詠む七・七の句を「挙げ句」（揚げ句とも書く）といった。

「挙げ句」とは、つまり、そこで終わりということで、転じて、ものごとの終わりや結果、結局のところなどの意味として使われるようになった。「挙げ句」だけでも使われるが、同じ意味を持つ「果て」が加えられたのは、さらに意味を強調するため。

【使用上の注意】

否定的あるいは悪い結果について使われる言葉なので、「挙げ句の果てに大成功した」などとはいいません。

〇七三
難易度 ★★

合点《がてん》

納得して承知すること

和歌や俳諧の世界で、選者が作品を評価する際、秀でた作品には頭に鉤《かぎ》形の印をつけた。この印が「合点《がってん》」と呼ばれた。また、回覧された文書などを見て、内容に同意・承知した意を表すために、自分の名前の上に鉤形の印をつけることも「合点」といった。いずれの「合点」も、納得できるものにつけられたことから、やがて一般に同意や承知を意味する語として使われるようになった。

今日、「合点承知之助《がってんしょうちのすけ》」などと返事をする場合は「ガッテン」と発音されるが、「合点がいかない」などという時は、普通「ガテン」と発音する。

【使用上の注意】

点数を足すのは「合計点」、受かる基準は「合格点」、一字違いで「合点」とは意味も異なります。身体を使い、技術を駆使する職人を「ガテン系」と呼ぶのは、「合点」からきているようです。

Q8の答　B

〇七四
難易度
★★

月並み

平凡でつまらないこと

「月並み」は、もともと「例月の通り」とか「月ごとに」といった意味で使われ、毎月開く会は「月並の会」などと呼ばれた。特に和歌や俳諧《はいかい》の会で使われ、「月並俳諧」というい い方もされた。

それが「平凡」や「ありふれている」という意味に使われ出したのは、明治時代、俳句の革新に力を注いだ正岡子規が、それまでの俳句や、新作でもつまらない俳句を「月並である」と切り捨てたことによる。そこから、新鮮味もなく、面白くもないものを「月並み」というようになった。昨今、宣伝のうたい文句は派手でも、月並みなものにあふれている。

【使用上の注意】

創造性や独創性がないという意味ですから、少なくともほめ言葉にはなりません。やんわりと否定的評価をするときに使います。

〇七五
難易度
★

けりをつける

ものごとに決着をつけること

百人一首に、「ももしきや　古き軒端《のきば》の　しのぶにも　なほ余りある　昔なりけり」とあるように、昔の和歌や俳諧などの古典作品の中には、最後の句が助動詞の「けり」で終わっているものが多い。そこから、ものごとに決着をつけることを、「けりをつける」というようになったというのが一般的な説だ。だが、琵琶を用いて『平家物語』を語る平曲などの語り物、謡《うた》いものの中にも、「そもそも……」と語り出して、「……けり」と終わるものも多く、これに由来するという説もある。

いずれにしても、「けり」という助動詞が使われ、両説とも語源としてはありそうな説だ。

【使用上の注意】

いわゆる「蹴りを入れる」とは、まったく別の意味です。もっとも、蹴りを入れて「けり」がつく、ケンカもあるかもしれませんが……。

〇七六 どさくさ

難易度 ★★

取り込んで、混乱しているさま

江戸時代に、佐渡金山の人足補充のため、佐渡（ひっくり返してドサ）送りにする博徒を捕縛する際の、賭場の混乱状態からきたという説がある。しかし、この説には無理がある。「ドサ」はいいとして、「クサ」が何なのか明らかでなく、しかも十七世紀の初頭に成った『日葡《にっぽ》辞書』に、すでに「どさくさ」が混乱を意味する言葉として載っている。

この言葉は、騒々しく混乱した様子を「音」で表したと見るのが適当なようだ。「火事場のどさくさに紛れて、盗みを働く」などともいうように、大勢の人間が関係した大混乱の意味合いが強い。

【使用上の注意】

「今朝、金髪の美人に英語で道を尋ねられて、どさくさしちゃったよ」――あわてた様子は伝わりますが、「ドギマギ」が正しいようです。

〇七七
難易度
★★

どんちゃん騒ぎ

酒席で、歌い踊り、大声で話したりして騒ぐこと

これは紛れもなく「音」から出た言葉だ。歌舞伎などで、合戦場面の雰囲気を出すために打ち鳴らす太鼓や鉦《かね》の音は、「ドンドン、ジャンジャン、ドンジャンジャン」と、太鼓も鉦も一緒になって大騒ぎになる。江戸時代の国語辞典『俚言《りげん》集覧《しゅうらん》』には、「ドンは鼓声也、チャンは鐘声也」と出ている。

これが、お大尽が酒席で芸妓を揚げて太鼓持ちを呼び、大騒ぎする様子と同じではないかということで、酒席の大騒ぎを「どんちゃん騒ぎ」というようになった。別に「鈍ちゃん」が騒いでいるわけではない。まともな人が破目をはずしている様子のことだ。

【使用上の注意】

「夫婦ゲンカでどんちゃん騒ぎをする」――修羅場だったのはわかりますが、どんなものが飛んでもわめき騒いでも、ふさわしくない表現です。仲直りの席で酒が入って、盛り上がったのならわかりますが……。

〇七八
難易度
★★

とんちんかん

物事がちぐはぐになって、わけがわからなくなるさま。また、ちぐはぐなことをする人

漢字で書くと「頓珍漢」となるが、もちろん当て字で、どうやら擬音語らしい。鍛冶屋が鉄を鍛える仕事をする際、まず師匠が大槌を打つと、次に弟子が小槌を入れる。師匠の大槌が「トン」と入ると、弟子の小槌が「チン」と入り、続いて次の弟子の小槌が「カン」と入る。音にリズムはあるものの、槌音は常にずれて響く。

ここから、ちょっとずれたこと、あるいはずれた人を「とんちんかん」というようになったらしい。

【使用上の注意】

「打てば響く」という言葉がありますが、「とんちんかん」は響きがずれているばかりに、よい意味には使われません。「あいつはいつも、打てば響くように、〝とんちんかん〟と答えを返してくる」などと使うのは、まさに「とんちんかん」な表現になります。

〇七九
難易度
★★

ポンコツ

中古品や廃物のこと

語源はどう考えても擬音からだと思われる。昭和三十四年、新聞に掲載された阿川弘之の『ぽんこつ』に、こんな一節がある。「ぽん、こつん。ぽん、こつん。ぽんこつ屋は、タガネとハンマーで、日がな一日古自動車を叩きこわしている」――このタガネとハンマーの音から「ぽんこつ」、そして「ぽんこつ屋」なる言葉が生まれたのかどうかはわからないが、「ぽんこつ」という言い方が一般に広まったとはいえるようだ。小説『ぽんこつ』が書かれた時代、高度経済成長期に突入し、車社会が訪れようとしていた。中古の車や廃車になった車を扱う商売も盛んになり、業界語としてこの言葉が生まれたと思われる。

【使用上の注意】

「彼の車はピカピカのポンコツ車だったよ」――年季が入ったものでも、現役であれば、ポンコツとはいえません。価値のある年代物は vintage と呼ぶのがふさわしいようです。

〇八〇
難易度
★★

口説《くど》く

異性にいい寄ること。また、愚痴をこぼすこと

語源については定説がなく、擬態語のクダクダやクドクドを動詞として使ったものらしい。とにかくしつこく何かをいいつのることで、特に女性に対して求愛する意味で使われることが多い。言葉自体の歴史は古く、平安時代は「祈願」することを意味していたという。一心に何かを願うあまり、くどくどしくもなったのだろう。

「口説き」はまた、謡曲・浄瑠璃・長唄などの節回しのことも指す。歌舞伎の世界では、いわゆる世話物の中に、たいてい「口説き」の場面が出てくる。こちらの「口説き」は、男の心変わりを恨んで、女が涙ながらに男を責める台詞が続く。

【使用上の注意】

異性にいい寄る意味でよく使われますが、くどくど愚痴をこぼす意味でも使われます。求愛にしても愚痴にしても、あまりにしつこいと逆効果になるので、要注意です。

〇八一

難易度 ★★

スケベ

色事を好む、好き者

漢字で書くと「助平《すけべい》」。「好き」という言葉を擬人化し、洒落て「好兵衛《すきべえ》」といったものが変化したと思われる。「助兵衛」とも書かれる。江戸時代初期から上方で使われていた言葉だ。

好色家のことをいったのは間違いないが、男に限って使われたわけではない。江戸中期にできた浄瑠璃『信田小太郎《しのだこたろう》』に「所目慣れぬ風俗見れば、髪を切りたる若後家、助平らしい目もと」との一節があるように、女性に対しても使われていたようだ。しかし、今日では主に男性に対して使われる。

【使用上の注意】

「スケベ！」といわれると嫌だけど、「エッチ！」ならいいという人がいますが、「エッチ」はもともと「hentai（変態）」の略といわれているように、どっちもどっち。というか、むしろ「すけべ」より、強力です。

〇八二
難易度 ★★

ずぼら

だらしないさま

江戸時代から、関西方面で、「ずんべらぼん」「ずんぼろぼん」「ずんぼらぼん」などといった表現が使われていた。どれもみな、凸凹がなく、つるつる、のっぺりしている様子を表した言葉だ。浮世草子『傾城《けいせい》禁短気《きんたんき》』に、「ずんぼろぼんの頭になった」と出てくる。「ずぼら」もそれらと同じ意味を表す言葉で、のっぺりしていると、何ともしまりがなく、だらしなく見える。そこから、人の性格や行いにも使われるようになった。

また一説には、大坂堂島で米の相場がずるずると下がることからきたという説もある。しかし、やはり「ずんべらぼん」系の出自と考えるのが自然に思える。

【使用上の注意】

「すぼらな性格」とか「ずぼらな仕事ぶり」とか、とにかく相手を侮蔑する言葉ですので、人に向けて使ったら、よい面をフォローしましょう。フォローを怠ると、あなたの「ずぼらな指導」が問題になります。

〇八三
難易度
★★

てんやわんや

大勢が、勝手気ままにふるまって混乱すること

「てんやわんや」は、「てんでん」に「わや」がくっついて、それが変化したものだといわれている。「てんでん」は、「手に手に」が変化したもので、「各自」とか「銘々」という意味。「わや」は関西の方言で、「道理に合わない」「駄目になる」「めちゃくちゃ」といった意味。これが合わさり、お互いの語調に引かれて、「てんでん」は「てんや」に、「わや」は「わんや」に変化し、「てんやわんや」になったと思われる。

大勢の人が集まって、てんでんばらばらなことをして、大混乱する様子を表した表現だ。

【使用上の注意】

昭和の高度成長期に、「獅子てんや瀬戸わんや」という漫才師コンビが活躍しましたが、もちろん彼らの名前が語源ではありません。コンビの名は、獅子文六のベストセラー小説『てんやわんや』にあやかっているそうです。

〇八四
難易度
★★

けちがつく

不吉の前兆。故障が入ってものごとがうまく進まなくなること

リクルートスーツに身を包み、面接日の朝いざ家を出たとたん、水たまりを走り抜けた車に泥水をひっかけられた。こんなとき、「大事な面接日なのにけちがついた」という。スーツについたのは泥水だが、それは物理現象。ついた「けち」は、あくまで精神的なものだ。縁起が悪い、面接に失敗しそうだなどとよくないことが頭に浮かぶ。

江戸時代の国語辞典『書言字考節用集《しょげんじこうせつようしゅう》』に「怪事《けじ》」という言葉が出てくる。怪しく不思議なことで、「けち」はこの「怪事」が変化したものらしい。怪しいものが「つく」のだから、縁起がいいはずがない。そこから、先行き何か悪いことが起こりそうな予感がしたりすると、「けちがついた」というようになった。

【使用上の注意】

発音は同じですが、いわゆる吝嗇《りんしょく》の「けち」とは意味が違います。もっとも、人に嫌がられる点では同じですが。

〇八五
難易度
★★

老舗《しにせ》

代々続いて栄えている店

室町時代から、「似せてする。まねてする」という意味で「仕似《しに》せる」という言葉があった。江戸時代、井原西鶴の『世間胸算用《せけんむねさんよう》』の一節に、「親の仕似せたることを替えて利を得たるはまれなる」と出てくる。「代々続く家業を守り継がずに、新しいことを始めてもうまくいかない」といった意味だろう。伝統を受け継ぐには、昔をまね続けることも大切だということか。

言葉としては、「老舗」は「仕似せる」の連用形が名詞化したもの。「老」は永い伝統を意味し、「舗」は店を意味する。「老舗」という言葉は、伝統を守る、信用第一の商いが、商売繁盛の秘訣だと教えてくれる。

【使用上の注意】

「老舗」かどうかは客側が認めることで、店が自ら「老舗」を名乗るのは本来おかしいでしょう。新開店の老舗というものはあり得ません。

〇八六
難易度
★★

しらける

興がさめ、気まずくなること

古語に「白《しら》く」という言葉があった。白くなる、白っぽくなるという意味だ。最も古い例では、『万葉集』に「ぬばたまの　黒髪変り　白髪《しらけ》ても」とあるように、白髪になる意味で使われた。それが「気まずくなる」の意味で使われ出したのは鎌倉時代、「興がさめる」などの意味が加わったのは室町時代頃からだ。時代とともに、ものが白っぽく色あせる、ものごとの勢いがなくなるという意味に転じていったらしい。今まで盛り上がっていた雰囲気が急に冷めてしまうことを「しらける」というようになったのは、ごく最近のことだ。

【使用上の注意】

誰かの発言で空気が冷めるのを感じても、安易に「しらける」と口にするのは考えもの。そんな発言では、場がますます白くなるだけです。他人を批評して自分だけ安全な場所に逃げるのではなく、全体の雰囲気を挽回するのが大人の態度です。

〇八七
難易度
★★

たそがれ

薄暗い夕暮れどき

薄暗い夕暮れどきには、ちょっと離れたところにいる人の顔がはっきり見えない。そこで「誰だろう、彼は」ということになる。それを古語では、「誰《タ》ソ　彼《カレ》」といった。そんな夕暮れの状況が「タソカレ時」で、江戸時代になると、「時」が略された上、「タソガレ」になった。当然、同じ状況は明け方にもある。こちらは「彼は誰だろう」、「彼《カ》ハ　誰《タレ》」といったことから「カハタレ時」になったが、やはり「時」が略されて、「カハタレ」だけで明け方の薄暗い頃を指すようになった。「かはたれとき」は万葉集にもあるが、「たそかれ」は平安時代になってから。同じような状況を表す言葉だが、「たそがれ」のほうが侘《わび》しい響きがある。

【使用上の注意】

今日では、上司に叱られてシュンとしている同僚に「たそがれるんじゃないよ」などと、励ましの意味で使われることもあります。

〇八八
難易度
★★

みっともない

体裁が悪い。見苦しいこと

「見たくも無し」が、この言葉の語源。古典の授業のようで恐縮だが、表現の変遷を示すとこうだ。「見たくも無し」がウ音便化し、「見たうも無し」となった。さらに「見とうも無い」から「う」が落ちて、「見とも無い」。それが促音化して「見っとも無い」となった。

本来の意味は表現の通り、「見たくない」だが、「みっともない真似はするな」など、外見が見苦しく体裁が悪いという意味で使われるほうが多い。「みっともない」は、世間体を気にする日本人の国民性から生まれた表現のように思われる。

【使用上の注意】

「こないだの試合はみっともない負け方だったから、今日はみっともよく戦おう」――聞いたことがありそうな表現ですが、もともと否定的な意味の言葉なので、「みっともいい」とはいいません。

〇八九
難易度
★★

目安をつける

おおよその基準、目標を定めること

平安の昔から使われている言葉に、「めやすし」という形容詞がある。見苦しくない、感じがよいといった意味だが、漢字を当てると「目安し」で安心して見ていられることも意味した。ここから、中世以降、算盤《そろばん》の位取りの印や秤《はかり》の目盛りなど、誰が見てもすぐわかるものを「めやす」と呼ぶようになり、わかりやすく箇条書きにした訴状なども、「めやす」といった。後世、さらに意味が拡大して、基準や目標といったニュアンスでも使われるようになる。

「目安をつける」は、「目安を立てる」ともいい、おおよその目標を設ける、あるいは見当をつけるという意味だ。

【使用上の注意】

上司に仕事の進捗《しんちょく》状況を聞かれた際、「今日中に目安をつけておきます」などと胸を張って使いたい言葉です。

〇九〇
難易度
★★

あこぎ

度重なること。転じて際限なく貪ること。あつかましいさま

昔、伊勢の国の阿漕《あこぎ》が浦（津市阿漕町の海浜一帯）は、伊勢神宮に供える魚を獲るところとして禁漁区になっていた。ところが、密漁も多く、度重なれば露見するたとえとして、『古今和歌六帖』の「逢ふことを阿漕の島に引く網のたびかさならば人も知りなむ」などに登場する。この「あこぎ」は掛詞で、「むさぼるように何かをする」意味と地名の『阿漕』が掛けられている。

後世、謡曲『阿漕』などから、平治という男が、老母の難病に効くというヤガラ魚をこっそり何度も獲っていたのが役人に見つかり、罰として簀巻きにされて海に沈められたという伝説が生まれた。孝行のための行為だったことは忘れられ、現代では欲深く無慈悲な人を「あこぎな人」という。

【使用上の注意】

十年程前、「趣味はアコギ」と聞くと一瞬びっくりしたものです。アコースティックギターがブームだったとはいえ、何でも略すのは考えものです。

〇九一

難易度 ★★

下戸《げこ》

お酒が飲めない人

話は古く律令国家の頃に遡る。政府は、家々から税金を取り立てるにあたって、対象となる家々を、人数・資産によって、「大戸《おおこ》」「上戸《じょうこ》」「中戸《ちゅうこ》」「下戸」に分けて課税した。「下戸」とは貧しい家のことで、酒を蓄える余裕もないところから、酒が飲めない意味になったらしい。

また、昔の中国で、万里の長城の警備にあたっていた兵士のうち、高くて寒い警備所（上戸）にいる兵士は寒さしのぎに酒を許されたのに、低地の暖かな警備所（下戸）の兵士は酒を禁じられたことに由来するという説もある。

【使用上の注意】

「笑い上戸」に対し、お酒が飲めないのに酒席でケラケラ笑っている人を「笑い下戸」と呼びたくなる気持ちはわかりますが、酒が飲めなくてもさすがに「笑い下戸」とはいいません。

〇九二
難易度 ★

八百長

事前に勝敗を決めておいて、競技をすること

明治時代の話だ。相撲の年寄・伊勢海五太夫と、八百長こと八百屋の長兵衛は碁敵《ごがたき》で、しょっちゅう碁盤を囲んでいた。ともに腕前は相当なものだが、実力は長兵衛が上。しかし、部屋に野菜を納めている八百屋としては、いつも勝ってばかりでは具合が悪い。そこで長兵衛は、ときどきわざと負けてやることがあった。ところが後で五太夫にバレてしまったからいけない。プライドの高い五太夫は「あの八百長め」と、腹を立てて長兵衛を出入り禁止にしてしまった。

それ以来、相撲などの世界でも、わざと負けることを「八百長をする」というようになったらしい。

【使用上の注意】

「試験で八百長やったら、先生にバレちゃった」——意味は伝わるでしょうが、八百長とカンニングは違います。

〇九三
難易度
★★

関の山

うまくいったとしてもこの程度という限度

「関の山」の「関」は現在の三重県亀山市関町で、「山」は祭りの山車《だし》のこと。関町・八坂神社の祇園祭りに引き出される山車は非常に立派で、これ以上のものはないというのが、地元の昔からの自慢だった。そこから、でき得る最高のことを意味するようになったらしい。

しかし、言葉は使い減りするもので、その後、「せいぜいがんばっても高が知れている」というような意味でも使われるようになり、現代ではこちらの意味に使用するほうが多い。

【使用上の注意】

相撲の「〇〇山」や、日本酒の「〇の山」はよく耳にしますが、さすがに「関の山」では四股名《しこな》にも銘酒にも馴染まないでしょう。相手の能力を見下したニュアンスのある言葉なので、他人に対しては使わないほうがいいでしょう。

〇九四
難易度
★★

ドサ回り

芸人などが地方を興行して回ること

「ドサ回り」の「ドサ」とは、佐渡をひっくり返した言葉だという説がある。江戸時代、佐渡は流人の島だった。佐渡金山の採掘人夫を確保するため、幕府は博徒狩りをして、捕まえた博徒たちを佐渡に送ったという。博徒たちは「ドサには行きたくねぇ」と、博徒狩りを恐れた。そこから、生活のためとはいえ、そんな土地を興行で回る芸人一座を、「ドサ回り」と呼んだ。

また、北関東・東北地方の方言を「ドサ言葉」といったことから、江戸から遠く離れたドサ言葉を使う東北の田舎へ興行に行くことを、「ドサ回り」と呼んだとする説もある。いずれにしろ、行きたくて行くところではなかったようだ。

【使用上の注意】

ドサ回りとサツ回り、両方とも隠語ですが、ちょっと違います。若手芸人の営業はドサ回り、駆け出しの記者はサツ回りで、どちらも修行にはなりますが、記者のドサ回りはあり得ません。

〇九五
難易度
★★

赤の他人

まったくかかわりのない他人

なぜ〝青〟でもなく〝黒〟でもなくて、「〝赤〟の他人」なのかというと、実は、〝赤〟は接頭語で、「まったくの」「すっかり」といった意味があるからだ。「赤《あか》裸《はだか》」とか「赤恥」「真っ赤な嘘」がその例だ。

夫婦だった二人が離婚するとなると、これまでの一切の関係を断つわけだから、単なる他人ではなく「赤の他人」になる。しかし、人情的にはそう簡単に「赤の他人」にはなりきれないだろう。

子どもがいたりしたらなおさらのことだ。「赤の他人」とは、本当に縁もゆかりもない人のことを指す。

【使用上の注意】

「赤の他人のくせに、人のことによけいな口をはさむな」「今日からはもう赤の他人だ」——迷惑な相手に向かって使う場合が多い言葉です。大切な相手には使わないように。

〇九六
難易度
★★

もしもし

電話などで、相手に呼びかける言葉

街中で、背後から「もしもし」と声をかけられても、振り向く人が少なくなった。原因は携帯電話の普及にあるようだ。背後の声を、誰かが携帯電話で話しているとしか思わないらしい。それほど「もしもし」は、電話で最初に相手に呼びかける言葉として定着している。ではなぜ「おいおい」でも「やあやあ」でもなく「もしもし」なのか。それは古くから、人に呼びかける際に「申し申し」という言葉を使ったからで、「もしもし」はこの短縮形だ。さらに古くは、「申し」だけでも使われていた。明治時代になって電話を初めて使った人たちは、「申し上げます。申し上げます」と呼びかけていたらしいが、忙しい現代ではそれではまどろっこしい。「もしもし」になったのはせわしない時代のせいなのかもしれない。

【使用上の注意】

英語で電話をかける場合は、もちろん「if… if…」などと直訳してはいけません。「Hello」が一般的です。

Q9の答　B

日本人は無宗教か？

「神様、仏様、稲尾様」という言葉を知っている人はかなりの年配だろう。ダイエーでも西武でもない、九州をホームとする、野武士軍団・西鉄ライオンズが黄金時代を築いた古きよき時代の言葉である。

無宗教だといわれる日本人だが、信仰心がないわけではない。ただ、信仰の対象と信仰の仕方が欧米などと違うだけだ。日本人はもともと山や森などの自然を崇拝し、八百万《やおよろず》の神を崇めた。さらに菅原道真が天神様として祀られたように、神様は数知れなくおられ、それぞれに信仰されている。何か願いごとがあると神仏に頼み（苦しいときの神頼み）、それがかなわぬときは「神も仏もあるものか」とあきらめるのが神仏とともに生きている日本人の心性である。

ＩＴの時代を迎えても、神仏にまつわる表現は、日本人の毎日の生活に今も息づいている。

「仏教・神道」の巻

おシャカ

埒があかない

〇九七
難易度
★★

韋駄天走り《いだてんばしり》

ものすごい勢いで速く走ること

韋駄天とは古代インド神話の軍神で、仏教に取り込まれて仏法の守護神となった。増長天《ぞうじょうてん》の八神将の一人。小児の病魔を除く神ともいわれる。この神様の特徴はめっぽう足が速いこと。釈迦が入滅した後、捷疾鬼《しょうしつき》という鬼が仏舎利《ぶっしゃり》を奪って逃げた。捷疾鬼は光より速く走るといわれる鬼だったが、気づいた韋駄天が後を追いかけ、無事仏舎利を取り戻したという伝説がある。そこから、俗に足の速い人のことを韋駄天と呼ぶようになった。

韋駄天走りとは、まさにこの韋駄天の如く（といっても架空の話だが）猛スピードで走ること。メタボリック症候群が気になる中高年には、ちょっと無理かも。

【使用上の注意】

犬などの動物がいくら速く走っても、それを韋駄天走りとはいいません。韋駄天走りができるのは人間だけです。

〇九八
難易度
★★★

有頂天《うちょうてん》

何かに夢中になり、うわの空になること

仏教では、生き物の世界を大きく三つに分けて考え、人間は欲界・色界《しきかい》・無色界《むしきかい》の三界《さんがい》に生まれては死ぬことを繰り返すとされる。欲望に支配された「欲界」、欲望は薄れたもののまだ物質の存在する世界である「色界」、そして、精神のみの世界である「無色界」――これを三界といい、その三界の最上の世界を「有頂天」という。

つまり、世界の最上に位置する天で、そこまで登り詰めるともうその上はない。いわゆる絶頂に達するわけで、気持ちのいいことこの上ない。我を忘れて夢中になってしまい、ほかのことなど眼中にない状態を「有頂天」というようになった。仏教語だと知らないと、「有頂点」と書き誤りやすいので注意が必要だ。

【使用上の注意】

「天にものぼる気持ち」といいますが、有頂天の場合は、「有頂天にのぼる」とはいわず、「有頂天になる」と使われます。

○九九
難易度 ★★★

うやむや

ものごとが曖昧ではっきりしないこと

「うやむや」を漢字で書くと「有耶無耶」で、「有るか無いか」という意味の疑問文になる。古代インドでは哲学的議論が盛んで、「真に実在するものは何か」という問題をめぐって、長い間、論争が繰り広げられていた。つまり「有耶無耶」論争だ。しかし、釈迦が仏教を興すと事情は変わった。釈迦は弟子たちに、そのように解答不能な問題（有耶無耶）の議論を戒め、ひたすら自己研鑽に努めるよう諭した。ものごとを曖昧なままにすることを、「うやむやにする」というようになった背景には、不可知なものは不可知なままにしておけという釈迦の教えがあったのだが、今日では、うやむやのまま放置することはよくないとされている。

【使用上の注意】

「曖昧」や「あやふや」と同じように、ものごとがはっきりしない様子を表しますが、特に「うやむや」は、意思があればできるのに、あえて曖昧なままにしておくような場合に用いられます。

一〇〇
難易度
★★

大袈裟《おおげさ》

ものごとを実際以上に誇張していること

「大袈裟」は、文字通り大きな袈裟《けさ》のこと。袈裟は僧侶の衣服で、釈迦の時代には道端に捨てられていた布切れをつなぎ合わせて袈裟として着ていたというから、もとは極めて粗末な衣服だった。ところが、仏教が中国・日本へと伝来し、僧侶の社会的地位や生活が安定するにつれ、袈裟は華麗なものになっていった。葬式や法要などに僧侶が金襴《きんらん》の袈裟を着て現れるのは、死者への礼を尽くす正装だとされているが、庶民感情からすると「なんと大袈裟な衣装な」と揶揄《やゆ》する対象になる。ここから、ものごとを必要以上に誇張することを大袈裟というようになった。

【使用上の注意】

「大袈裟」「大風呂敷」「大雑把《ざっぱ》」――「大」がつくのに、よい意味を持たない語は少なくありません。「大」がついた言葉に要注意です。

一〇一　難易度★★★

ご馳走《ちそう》

立派な料理や豪華なもてなし

「ご馳走」は「馳走」の美化語だ。本来「馳走」とは、馳せ回るという意味で、韋駄天《いだてん》が駆け回って食物を集めたことに由来し、時代を経て、「馳走」だけでもてなしの料理を意味するようになった。大事な客を接待するには、それ相応の料理の用意が必要だ。海のもの山のものを、あちこちから買い求め、客に満足してもらう料理をつくる。それが本来の「ご馳走」で、いくら急な客だとはいえ、冷蔵庫に残っていたあり合わせの材料で作った料理では「ご馳走」にはならないわけだ。

主人のもてなしを感謝する意味で、「お風呂をご馳走になる」という表現は今も使われている。

【使用上の注意】

「私の家に来ない？　残り物だけどご馳走するわよ」——よく耳にする会話ですが、それでは「ご馳走」とはいえません。

一〇二
難易度 ★★★

金輪際《こんりんざい》

決して、絶対にということ

仏教の世界観は雄大だ。仏教では、世界は「三輪《さんりん》」に支えられて成り立っていると考えられている。大地を支える世界を金輪《こんりん》といい、その下には水輪《すいりん》、風輪《ふうりん》がある。金輪と大地の接する境目が「金輪際」で、人間の住めるぎりぎりのところを意味する。そこから、ものごとの極限を表し、「絶対的な」とか、「ぎりぎりの」「これっきり」などという意味が生まれた。

不仲になった相手に、「金輪際、俺の前に顔を出してくれるな」などと、縁切りの際に使ったりする。啖呵《たんか》を切るときなどに使われるが、あまり頻繁に使うと値打ちが下がる表現ではある。

【使用上の注意】

この言葉を口にするときは、相手と縁を切るくらいの覚悟が必要です。その覚悟がなければ使ってはいけません。後で取り返しのつかないことにならないよう、気をつけましょう。

一〇三　難易度★★

四苦八苦

避けられない大きな苦しみ

普段何気なく使っている「四苦八苦」という言葉は、仏教からきている。仏教では、生き物として避けられない、「生《しょう》・老《ろう》・病《びょう》・死《し》」の苦痛を四苦という。

さらに、愛する人と別れなければならない「愛別離苦《あいべつりく》」、憎い人とも一緒にいなければならない「怨憎会苦《おんぞうえく》」、求めているものが得られない「求不得苦《ぐふとくく》」、己の存在に執着する「五蘊盛苦《ごうんじょうく》」の四つの苦しみを加えたものが八苦だ。

人間、生きている限りこの苦しみからは逃れられない。つまり、いつも四苦八苦しながら生きていることが人間の証なのだ。

【使用上の注意】

「この前の仕事は、四苦八苦どころじゃなく、五苦九苦してやっと仕上げたんだ」――苦労はわかりますが、たとえどんなに苦しんでも、「五苦九苦」「六苦十苦」などとはいいません。

一〇四
難易度★★

しっぺ返し

人に何かされたら、同じことをし返すこと

禅宗で座禅修行の際、座禅を組んでいる弟子が眠気を起こしたり、心を乱して姿勢を崩すと、師は竹でできた竹篦《しっぺい》で手の甲や手首を打って正気を取り戻させる。竹篦で弟子を打つのは高徳の僧の役目だが、弟子も修行を積めばいずれは同じ立場、つまり、「竹篦」を打ち返す立場になる。

ここから、誰かに何かをされた場合、同じことをし返すことを「竹篦返し」と呼ぶようになり、それが縮まって「しっぺ返し」となった。しかし今日では、何かをされたらすぐに相手に仕返しするという意味で使われることが多く、あまりよい言葉ではない。

【使用上の注意】

「しっぺ返し」の響きには、どこか陰険さが感じられます。何かされたら、すぐに同じことをやりかえすいじましさからくる語感でしょうか。紳士淑女の使う言葉ではありません。

一〇五
難易度
★★★

娑婆《しゃば》

自由を束縛された世界から見た、外の自由な世界

刑務所を出所する受刑者に、「娑婆に戻ったら真面目に働けよ」と刑務官などが諭す。

「娑婆」はもともと仏教語で、忍耐を意味するサンスクリット語の sahā あるいは sabba からきた言葉である。もともとの意味では、煩悩や苦しみに満ちた現世を指すので、必ずしも刑務所の中よりよい世界とはいえない。それがいつ頃から自由な世界を意味するようになったのかは定かでない。江戸時代、遊郭の吉原を極楽と見立て、外の世界を娑婆と呼び始めてから、本来の意味と反対になったらしい。

【使用上の注意】

どことなくヤクザな響きのある言葉なので、一般市民は使わないほうが無難です。すさんだ気持ちを漂わすくらいならいいですが、場合によっては品格が疑われます。

一〇六

難易度 ★★

修羅場《しゅらば》

血なまぐさい場所。激しい戦いの場

仏教の世界において、仏法を護る神・帝釈天《たいしゃくてん》といつも戦っているのが阿修羅《あしゅら》という悪い神で、仏教が興って以来、戦いは続いている。「修羅」は阿修羅の略称で、「修羅場」とは阿修羅と帝釈天が戦っている戦場。

何しろ激しい戦いなので、痛い、苦しい、血が流れるくらいは当たり前。現実の世界でも、企業戦士という言葉があるように、弱肉強食の資本主義社会での戦いは厳しい。いっぽうで、暴力団同士の抗争のように、本当に血を流し、命をかける戦いもある。そうした戦場に身を置きながらも、勝ち残った人を「修羅場をくぐった人」などという。

【使用上の注意】

本当の「修羅場」は、ビジネスの戦場やヤクザの抗争など、命を落とす危険と隣合わせです。夫婦げんかで修羅場を迎えることもありますが、口げんかくらいでは修羅場とはいいません。

一〇七 難易度★★★

正念場《しょうねんば》

ここ一番という大事な場面

「正念」とは、仏教で悟りに至るための実践徳目・八正道《はっしょうどう》の一つで、雑念を捨てて一心に仏道を念ずること。ここから修行を妨げない真剣な心、またはそういう真剣さが必要な場面を「正念場」というようになった。

たとえば歌舞伎などで、役者が真剣に演じなければならない大事な場面で失敗したら、それまでの努力が水の泡になってしまう。どうしても成功させなければならない場面だ。

実生活でも、こういう場面に遭遇することはある。営業マンなら、社運を賭けた契約を成約までもっていけるかどうかの交渉の場は、まさに正念場だろう。

【使用上の注意】

どんな職業の人にも、失敗はゆるされない「ここぞ」という場面はあるもの。そういう場面を「正念場」といいます。

一〇八　難易度★★★

そそう

軽率な失敗をすること

仏教の世界では、一切の事象の無常さを「生《しょう》・住《じゅう》・異《い》・滅《めつ》」という四相《しそう》としてとらえる。この考え方を人間に当てはめると、「生《しょう》・住《じゅう》・老《ろう》・死《し》」となり、これを「麁《そ》四相」という。「麁」は人間が抱える煩悩の意味。「麁四相」は、略して「麁相」ともいわれ、過ちや失敗、軽率なふるまいなど、人間の営みに関する弱みを示す。そこから、軽率な失敗や粗略なことを「麁相をする」というようになった。

現在は「粗相」と書き、子どものおもらしなども含める。要するに、人間であれば誰しも一度は経験するささいな失敗をひっくるめて「粗相」という。

【使用上の注意】

「とんだそそうをいたしまして、申し訳ありません」などと使われますが、それがたび重なると、単なる落ち着きのないあわて者に見られ、「そそっかしい」人と呼ばれます。

一〇九
難易度
★★★

醍醐味《だいごみ》

極上の美味。転じて、最高の気分にさせてくれる状態

牛乳を精製していくと、それぞれの段階で、味や栄養価の異なる乳製品ができる。ヨーグルト、バター、チーズといった具合。古代インドでは、これを乳味《にゅうみ》・酪味《らくみ》・生《しょう》そ味・熟《じゅく》そ味・醍醐《だいご》味《み》の五味に分類していた。最後の醍醐味が、最も栄養価が高く、美味なるエキスとされる。仏教では、釈迦の説法をこの五味に例える。

天台宗では、釈迦が最後に説いたとされる法華涅槃《ほっけねはん》の教えを究極とし、これを醍醐と呼ぶ。仏教語のニュアンスが、そのまま日常語に使われている珍しい例だ。

【使用上の注意】

「醍醐味ってどんな味？」などと聞くと、自分の無知をさらすことになります。「このお料理はとても醍醐味ね」などと、実際の食べ物の味について使うことはありません。

二一〇
難易度 ★★★

断末魔《だんまつま》

死に臨んだ最後の苦しみのこと

断末魔の「末魔」は「末摩」とも書かれる仏教語で、サンスクリット語のmarmanの発音を写した言葉だ。漢語では「死穴」とも訳されている。古代インドの医学では、体の中に「末魔」、つまり大切な急所があり、これを傷つけたり、断ち切ったりすると、激痛に襲われて必ず死ぬとされていた。

「断末魔」は、文字通り「末魔」を断つことを意味し、死に臨んだ人が息を引き取るときの最後の苦しい状態を呼ぶようになった。この「断末魔」が嫌で、「ポックリ寺」などと称されるお寺さんにお参りするお年寄りも多い。「断末魔」は見守るほうも辛いことだ。

【使用上の注意】

「断末魔」の苦しみは人間だけのものではありません。「射止められたゾウが断末魔の叫びを上げる」などのように、動物にも用いられる言葉です。

二二 難易度★★★

奈落《ならく》

どん底。最終のところ

奈落とは、歌舞伎の舞台や花道の下にある空間。サンスクリット語のnarakaからきている仏教語で、本来は「地獄」または「地獄に堕ちる」という意味を持ち、転じて、最果て・どん底の意味でも使われるようになった。

回り舞台やせり出しなどの装置がある、舞台の床下を「奈落」と呼ぶが、それは江戸の昔、舞台の下は真っ暗な上に暑く、装置は人力で動かしていたので、まるで地獄のような場所だったからだ。現在は、照明も換気も十分で、ほとんどが機械装置で動くため、地獄のような苦しみはない。「奈落」という表現だけが残っている。

【使用上の注意】

演劇関係者以外はめったに使う言葉ではありません。「あいつを奈落の底に突き落としてやる」などといった時点で、「人を呪わば穴二つ」――いつか自分も堕ちるというものです。

二三 難易度★★★

二枚舌

前の発言と違うことを平気でいう例え

もともとは仏教語で「両舌《りょうぜつ》」といい、こっちの人にはこういい、あっちの人にはああいって、二人を仲違いさせることを「二枚舌を使う」といった。要するに、矛盾することを平気でいう嘘つきが「二枚舌」だ。仏教では十悪の一つとされる、実に姑息なやり方だ。

江戸時代の川柳に、「奉行職《ぶぎょうしょく》 二枚一枚お聞きわけ」とあるように、悪いことをする人間はたいてい舌を二枚持っている。何とかして罪を逃れようと、前後の矛盾にも気づかずに嘘をついてしまう。嘘つきは閻魔《えんま》様に舌を抜かれることになっているが、二枚も舌を抜かれるのでは、さぞ痛かろう。

【使用上の注意】

「あいつ、猫舌だっていってたくせに、熱いものも冷たいものも、平気で食べてるじゃないか」――これがホントの二枚舌かもしれませんが、悪意はなさそうです。

二一三

難易度 ★

左前《ひだりまえ》

商売などがうまくいかず、金銭的に行き詰ること

「左前」と聞くと、野球好きなら「レフト前ヒット」を思い浮かべるかもしれないが、そんなのんきな話ではない。金繰りがうまくいかなくなって、経済的にとても困窮することなのだ。

なぜ「左前」かというと、亡くなった人に着せる経帷子《きょうかたびら》は、普通の着物の着方と逆で、右の衽《おくみ》を外側にして着せる。これが「左前」、つまり左前になるとは死者も同然ということで、ここからものごとが思うようにならないとか、経済的に困窮することを指すようになった。

ちなみに、洋服の場合、女性は左合わせになるが、これは侍女の手を借りて身支度を整えた名残で、もちろん「左前」とはいわない。

【使用上の注意】

経済的に成功したからといって、「右前」になるとはいいません。「左うちわ」といい、同じ左でも「左前」とは逆の意味になります。

二一四　難易度★★

阿弥陀《あみだ》くじ

紙に何本か書いた直線の先に「当たり」「はずれ」を設け、これを隠してから、複数の横線を梯子状に入れたくじ

今とはかたちが違うが、線を引いた先に「当たり」「はずれ」を設けて隠したくじは、室町時代からあったようだ。当時は放射状に線を引き、中心の部分を隠すのが一般的で、形が阿弥陀仏の光背《こうはい》のように見えたことから「阿弥陀くじ」と呼ばれるようになった。

今は梯子《はしご》状の直線を使い、とても阿弥陀仏の光背には見えないが、当たりはずれも仏頼りというわけか、名前だけが残っている。公平を期すため、参加者が、それぞれ好きなところに横線を入れる。いつの頃から、梯子状にするようになったのかは不明である。

【使用上の注意】

「阿弥陀くじ」といっても、本堂に阿弥陀様が鎮座しているお寺で引くおみくじのことではありません。

Q10の答　B

一一五　難易度★★★

おシャカ

作りそこなうこと。不良品

「おシャカ」のシャカはお釈迦様のことだが、それがどうして、「作りそこね」や「不良品」を指すことになったのか——はっきりとした定説はない。一説には、鋳物師が阿弥陀の像をつくるのに、誤って釈迦像をつくってしまったからという。

また、〝ひ〟を〝し〟と発音する江戸っ子の鋳物師が、炉の火を強くしすぎて失敗し、「これは火《し》が強かった」……「しがつようか（四月八日）った」と、釈迦の誕生日に語呂を合わせて洒落たところから、失敗を「おシャカになる」、失敗作の廃棄を「おシャカにする」というようになったという説もある。

後の説のほうが、洒落が利いていて面白い。

【使用上の注意】

お釈迦様は、悟りを開いて仏陀《ぶつだ》になりましたが、「ホトケになる」というと、「おシャカになる」とまったく別の意味になってしまいます。

一一六　難易度★★★

爪弾《つまはじ》き

他人をのけ者にすること

平安時代以来、広く行われた「弾指《だんし》」という所作《しょさ》・風習から生まれた言葉。弾指とは、人差し指を曲げ、爪を親指の腹に当ててはじき、音を立てる所作で、不満・嫌悪・警告・忌避などを表す。

これが「爪弾き」として、一般社会に広がると、主として嫌悪や排斥を表す所作となったらしい。要するに、だれかを仲間はずれにすることを、この所作と言葉で表現したのだろう。昔の日本の村社会では、いわゆる「村八分」と似たような意味合いで使われたと思われる。「爪弾き者」というと、仲間うちの嫌われ者を指す。仏教の維摩経《ゆいまきょう》では、極めて短い時間をいう。

【使用上の注意】

指先でギターを弾くのも「爪弾く」ですが、この場合は「つまびく」と読みます。指を使って似たような動作をしても、ギターがあるとまったく違う意味になり、心に染みる曲が聞こえてきそうです。

Q11の答　C

二七 駆け出し

難易度 ★★★

ものごとを始めたばかりで未熟なこと。また、そういう人

役小角《えんのおづの》を祖とする、日本古来の山岳信仰に基づく修験道《しゅげんどう》を極めようとする修験者（山伏）は、山野を渡り歩き、厳しい修行を積んだ。もともとは、修行によって呪力・霊力を得ることが究極の目的だったが、次第に自然との一体化による即身成仏《そくしんじょうぶつ》を主眼とするようになった。いずれにしても、修行は厳しく、先達に導かれながら長い年月をかけなければ修験者とは認められなかった。

一応の修行を達成し、先達に認められて山を下りることを「駆け出し」あるいは「駆け出《い》で」といった。何しろピッカピカの修験者一年生だから、うれしくて駆け出したくもなったのだろう。ここから、何ごとによらず初心者を「駆け出し」というようになった。

【使用上の注意】

「駆け出し」は「新米」と同じような意味合い。上司が部下の失敗をかばって、「彼はまだほんの駆け出しですから……」などと使われます。

二一八
難易度
★★

験《げん》をかつぐ

何かをする前に、特別な行為をすること

「縁起をかつぐ」という言葉がある。何か大事なことをする前に、寺社でお祓《はら》いをしてもらうとか、いつもと違う特別な用意をするとかして、よい結果を期待するときに使われる。「縁起」は吉凶の前兆を意味し、「験」には効き目とか効果という意味があるので、この「縁起」が「験」に変わった可能性は十分考えられる。

野球選手が、間違えて左右色違いのソックスをはいてホームランを打ったとする。すると次からも同じようにしてバッターボックスに入れば、ホームランが打てるかもしれないと考える。何かをやって「験」があったら、「次も……」と考えるのは人間の自然な心理だろう。

【使用上の注意】

「縁起」や「験」をかつぐのは、極めて人間的な行為ですが、縛られすぎると本来できることもできなくなってしまいます。失敗したら、別のことをして「験なおし」をすればいいのです。

二一九
難易度 ★★

ご託《たく》を並べる

手前勝手なことや、くだらないことを言い立てること

神様のありがたいお告げを「ご託宣《たくせん》」というが、「ご託」とはこの「宣」を省いたいい方。さらに略して「ごた」ともいう。神職は神様のありがたいご託宣を述べているつもりでも、訳のわからないことをもったいぶって長たらしくぶつぶつやられると、聞く方にしてみればありがたみも半減し、「いい加減にしてくれ」といいたくなる。

そこから、他人の迷惑・不快も顧みず、自分勝手ないい分をさも偉そうにくだくだしく話すことを「ご託を並べる」というようになった。

【使用上の注意】

「ご託を並べやがって」というのは、相手にケンカを売る台詞にもなりかねないので、軽々しく使わないようにしましょう。相手を軽蔑したいい方になるので、注意が必要です。

一二〇 難易度★★★

埒《らち》があかない

ものごとが進まない、問題が解決しないこと

馬場の周囲に設けた柵などを埒《らち》といい、「埒があかない」とは問題の解決が難航している状況のことである。語源をたずねると、一つは、賀茂神社の競《くら》べ馬で見物人が柵のはずされるのを待ちかねてこういったという説、もう一つは、春日大社の祭で神輿《みこし》が鎮座するところの柵が開かないと観客が中に入れないからこういったという説がある。

どちらにしても、ネックとなっている問題の解決がスムーズにいかないときに使われる言葉だ。

【使用上の注意】

拉致《らち》問題の「拉致」と音は同じですが、意味は違います。しかし、拉致問題こそ、早く「埒」があいてほしい問題です。埒のあかないことや道に外れていることを「不埒」といいますが、「拉致」は「不埒」な人や国のすることです。

「さようなら」は武士の言葉だった？

格式高い武家の間では、使う言葉にもそれなりの格式があった。

他家を訪問して、用件を済ませ、当たり障りのない世間話も終わり、先方が「そろそろ辞去を促しているな」という空気が読めたら、「左様《さよう》ならば、これにて失礼仕《つかまつ》る」と挨拶するのが武士の辞去するときの決まり文句であった。この「左様ならば」から、「ば」が落ちて、後世、「さようなら」が別れの挨拶になったとされている。

だとすると、「さようなら」はそう古い言葉ではないようだが、いつ頃から「さようなら」が使われ出したのかは定かでない。

現代では元の意味が忘れられ、関東では「さよなら」、関西では「さいなら」と使われることが多い。

「武士のしきたり」の巻

手ぐすねを引く

火蓋を切る

三二 難易度★★★

いかさま

「いかさまもの（物、者）」の略。いんちき

格式高い武家社会でのことである。漢字では「如何様」と書き、確信を持った推測や判断をするときに「きっと」「いかにも」という意味で、例えば、相手の話に同調するとき、「如何様、左様でござる」などと使われてきた。

ところが、平和が続き、商人たちが力を持ち始めて世の中万事が金の時代になると、武士もそうそう鷹揚《おうよう》に構えてはいられなくなった。表向きは「如何様、左様でござる」と相手を立てていても、腹のうちは違う場合もあり、その結果、相手を裏切ったり、だましたりすることも出てくる。そんなとき、だまされた方は、武士の言葉尻をとらえて「あの如何様者め」などと罵った。そこから、だましたり、いんちきをすることを「いかさまをする」というようになった。

【使用上の注意】

今日では、語源通りの意味に受け取られることはまずありません。相づちを打つにしても、使わないほうがいいでしょう。

一三三 難易度★★

一所懸命

ものごとを命懸けですること

武士階級が台頭した時代。武士の棟梁《とうりょう》が、戦功の恩賞として部下に与える最高のものは領地だった。賜った領地は武士の生活を支える大切なもので、一つの領地を守るには命を懸《か》ける覚悟と苦労が必要となる。つまり、所領の「一所」を「懸命」に守ることが、武士の生活を守る上でも出世を目指す上でも大切なことだったのだ。

そこから、命を懸けてものごとに向かうことを「一所懸命」というようになった。後には「一生懸命」とも書くようになるが、意味は同じで、命懸けの努力をすること。今日では、命まで懸けることはないだろうが、何かにたいへんな努力を傾ける意味で使われる。

【使用上の注意】

いつの時代でも、仕事をする以上、一所（生）懸命は当たり前。成果を上げなければ、評価されません。「一所懸命」をあまり売り物にしないことです。

一二三

難易度 ★★★

おおわらわ

なりふりかまわず、一心にものごとを行うさま

武士は髻《もとどり》を解いて兜《かぶと》をかぶっているが、戦闘が激しくなると、その兜も脱いで、髪を振り乱して戦った。ばらばらになった乱れ髪が童《わらわ》の髪形に似ているところから、そのさまを「大童《おおわらわ》」といった。

また、髪が乱れているさまを「わらわら」といったからという説もある。いずれにせよ、髪が乱れたまま、なりふりかまわず奮闘する意味から転じて、夢中になって何かをすること、あるいはたいへん忙しいことを意味するようになった。

現代では、「店の新装開店準備でおおわらわだ」などと使う。

【使用上の注意】

「童」は「わらべ」とも読み、「わらべ歌」のような語として今でも使われます。また、武家の時代、女性が自分のことをへりくだって「わらわ」と呼んでいましたが、これも「童」からきているようです。

Q12の答　A

二二四 難易度★★

お墨付き

権威のある人からいただく証明や許諾

戦国・江戸時代に、大名や将軍が家臣に与えた領地を安堵《あんど》するために署名・花《か》押《おう》入りで認めた文書は、黒々と墨で書かれていたため「お墨付き」と呼ばれた。隣国同士で領地争いが起きたときなど、白黒をはっきりさせるには、このお墨付きの存在が重要だった。「これこの通り、上様のお墨付きがござる」で、一件落着。

時代は変わっても、権威のある人の書いた文書は、その証明力が絶大であることに変わりはない。そこで現代でも、権威のある人から何かの証明や許諾をもらうことを、お墨付きをいただくという。

【使用上の注意】

「彼女は部長の〝お墨付き〟らしい」――人当たりがよく、仕事もてきぱきとこなす女性なのでしょうが、これが「部長の〝お手つき〟」になると意味がまったく変わってしまいます。

Q13の答　C

一二五
難易度 ★★★

押《お》っ取《と》り刀

取るものも取りあえず、駆けつけること

舅《しゅうと》・菅野六左衛門が高田馬場で決闘すると聞いた堀部安兵衛は、酔い覚ましと腹ごしらえにと茶漬けをかっこみ、「押っ取り刀」で助太刀に駆けつけた。さてこの「押っ取り刀」とは、どんな刀だったのか。別に特別な刀ではない。「押っ取り」の「お」は、「おったまげる」「おっぱじめる」に使われるのと同じく、意味を強める接頭語だ。つまり、勢いよく物を取ることで、安兵衛の場合、ぱっと手にした刀を腰に差す余裕もないほど急いでいたというわけだ。

さしずめ現代なら、デートの時間に遅れそうになった彼氏が、「押っ取りケータイ」で家を飛び出す、とでも使うところだろうか。

【使用上の注意】

耳で聞くと、「おっとり」と構える刀のように思えますが、ゆったり準備している場合ではありません。あわてている様子を表すまったく逆の意味ですので、誤解していると人生に乗り遅れてしまいます。

Q14の答　A

一二六 難易度★★

鎬《しのぎ》を削る

互いに全力で激しく戦うこと

時代劇では、二人の武士が刀と刀を激しく打ちつけ合い、火花を散らすシーンがある。リアルなチャンバラ、これがまさしく「鎬を削る」戦いだ。「鎬」とは、刀の峰と刃の間の少し厚くなっている稜線部分のこと。戦っている間に削れてしまうほど、激しく刀を打ちつけ合うのだから、お互いに必死だ。

時代が変わって、刀を使うことなどなくなった現代でも、いろいろなスポーツで全力で戦う場面はある。オーバーにいえば死力を尽くして戦う場面だ。そうした力のこもった熱戦を表現するのに、「鎬を削る戦い」などと使われる。サッカーのワールドカップなどは、そのいい例だろう。

【使用上の注意】

「鎬を削って仕事をする」――ありそうな表現ですが、この場合は「骨身を削って」が正しいいい方です。相手がいなくては、「鎬」は削れません。

Q15の答　B

二二七
難易度
★★★

すっぱ抜く

他人の知られたくないことなどを暴くこと

テレビや新聞が、政治家や芸能人のスキャンダルなどを、他のメディアを出し抜いて報道することを「すっぱ抜く」という。単に「出し抜く」でもよさそうなのに、なぜ「すっぱ抜く」なのだろうか。実は、「すっぱ」とは、戦国時代の諸大名が使っていた忍者のこと。敵地に潜り込み、ひそかに情勢を探索して主人に伝える命がけの危険な役目を担い、いつ刀を抜き合って敵と命のやり取りをすることになるかわからない。そうまでして手に入れる情報だから、簡単に他人には明かせない。記者が「すっぱ」のようにして、命がけでつかんだネタを記事にするのであれば、「すっぱ抜く」はぴったりの表現になる。

【使用上の注意】

今の時代、忍者《すっぱ》のような記者が何人いるのかわかりませんが、市井の人はすっぱ抜きにかかわらないほうが無難です。取扱注意の情報を無闇に明かすと、自分が標的にされる可能性も高まります。

一二八 難易度★★★

手ぐすねを引く

すべての準備を整えて、待ち構えること

「くすね」は「薬煉」と書き、松ヤニと油を合わせて煮て、煉り込んだもの。武士の時代、これを浸み込ませた革を手に持ち、弓の弦全体を熱くなるほど強くしごいて弦の強度を高めるのに使用したり、矢をつがえる「しかけ」と呼ばれる部分に巻く麻糸の接着剤としても利用された。また、これを左手に塗り、弓返《ゆがえ》りで弓が手から離れぬようにした。こうした準備ができていれば、いつ敵が攻撃してきてもすぐに応戦できる。「さあ、こい！」とばかりに両《りょう》の腕をさする動作が「くすね」で弦をしごくのに似ているので、十分な戦闘態勢で待ち構えることを「手ぐすねを引く」というようになった。

【使用上の注意】

弓矢の時代が終わっても言葉は生き残り、相手の出方を見ながら、十分な態勢を整えてことを待ち構える意味に使われています。本来の意味を思い出し、準備を整えて、ことに当たりたいものです。

一二九
難易度 ★★

抜け駆け

ほかの人を出し抜いて手柄を立てること

戦国の世は、功名を上げることで出世できる実力社会だった。他の武将と同じことをしていては、なかなか手柄を立てられない。そこで、いざ合戦のとき、大将の命を待たずにひそかに陣中を抜け出し、先駆けして敵を攻撃し、手柄を自分のものにする者が出てくる。これを「抜け駆け」といった。

万一、手柄を立てられずに敗走でもしたら、主君の怒りに触れる命がけの行動だ。しかし、攻撃が成功すれば一番手柄を立てた者としてみなに誇れるし、尊敬も受けられた。今日ではもっぱら、汚い手段を使ってでも他人を出し抜き、自分の利益を図るような行動を指す。残念ながら、「抜け駆け」のスケールも落ちたようだ。

【使用上の注意】

「この前の社内マラソン大会で、途中から抜け駆けして優勝しちゃったよ」――文字通り「駆けた」わけで、わかる気はしますが、間違いです。

一三〇　難易度★★

元の木阿弥《もくあみ》

努力の成果があったと思ったのに、元の状態に戻ってしまうことの例え

戦国時代の武将・筒井順昭《つついじゅんしょう》は病の床で、まだ幼い跡継ぎ・順慶《じゅんけい》に、「私が死んでも、お前が元服するまではそれを隠せ」と遺言した。やがて順昭が亡くなると、遺言を守るため、背格好や声が順昭によく似た木阿弥《もくあみ》という盲人を順昭の替え玉として薄暗い部屋に寝かせることにした。殿様の替え玉なので扱いも丁重で、木阿弥も満足だったに違いない。ところが数年後、順慶が元服し、順昭の死が公表されて葬儀も営まれた。これでもう替え玉は必要ない。木阿弥はお払い箱にされ、「元の木阿弥」に戻ったという。

この話から、何かの成果を上げたと思ったのに元の状態に戻ってしまうことを「元の木阿弥」というようになったとする説が有力である。

【使用上の注意】

「元の木阿弥」は元の状態に戻ることなので、それより悪い状態になった場合には使えない表現です。

一三一 難易度★★

口火を切る

ものごとを最初に始めて、きっかけをつくること

「口火」とは、火縄銃の火薬に点火するための火縄の火のこと。現代でいえば、ガス湯沸し器の口火だ。火縄銃を発射するには、まず火蓋を切り（開き）、さらに火縄の口火から火薬に点火しなくてはならない。つまり、火縄銃の火蓋を切って最初にするのが、「口火」に点火することなのだ。そこから、何かを始めるに当たって、最初に行動を起こす、あるいは発言をすることを「口火を切る」というようになった。

会社の会議などで、口火を切るのはたいてい偉い人で、平社員が口火を切ることはほぼない。平社員が発言できるのは、指名されてからと心得たほうがいい。

【使用上の注意】

「口火」は「切る」もので、「つける」ものではありません。もちろん、湯沸し器の口火はつけてもいいのですが。

二三 難易度★★★

切羽詰《せっぱ》まる

抜き差しならない事態になること

「切羽」とは、刀の鍔《つば》の両面、柄《え》と鞘《さや》に当たる部分に添える楕円形の薄い板金のこと。中ほどに、刀身《とうしん》の断面に合わせた孔《あな》があいていて、鍔を刀身と柄の間にピタリと収める役目をしている。この切羽が詰まるとはどういうことか。

武士が左手の親指で鍔を押し上げ、鯉口《こいぐち》を切ろうとする。右手は「待て」と柄を押さえる。間にある切羽は両方から詰められる。つまり、刀を抜くか抜かぬかというぎりぎりの状況が「切羽詰まる」で、武士にとって刀を抜くことはそれほど重要なことなのだ。ほかにも説があるが、刀の構造から考えると、重大な決断を迫られる緊迫した状況を「切羽詰まる」といったものだろう。

【使用上の注意】

「いつかあいつを切羽詰らせてやるぞ」などとは使いません。「切羽詰まる」には、相手を追い詰める意味はないのです。

一三三 難易度★★

火《ひ》蓋《ぶた》を切る

戦いや競技を始めること

火蓋とは、火縄銃の発火薬をのせる火皿にかぶせる蓋のこと。火縄銃を発射するには、まずこの火蓋を外して（切って）、火縄の火を火皿の火薬に点火しなければならなかった。いざ合戦というとき、一斉にこの火蓋を切ることから、何かを始めるという意味が生まれた。特に、競争や戦いの始まりに使われる言葉。

よく「戦いの火蓋が切って落とされた」という人がいるが、切って落としていいのは「幕」。火蓋を切って落としたら、次から火縄銃が使えなくなる。「幕を切って落とす」も、何かを始めるという意味だから、それにつられて、「火蓋が切って落とされた」といってしまうのだろう。

【使用上の注意】

「今度の会議は、誰が火蓋を切るか、それが問題だな」――耳にしそうな台詞ですが、これでは会議の紛糾は火を見るより明らか。この場合、切るのは火蓋ではなく「口火」。最初からけんか腰ではまとまるものもまとまりません。

「中国」の巻

牙城

牛耳る

一三四
難易度
★★

海千山千《うみせんやません》

世の中の裏も表も知っている老獪《ろうかい》な人

中国には古くから、海に千年、山に千年住んだ蛇は龍になるという言い伝えがある。蛇は嫌われものだが、知恵がある生き物でもある。そんな蛇が、広い海に千年、深山幽谷《しんざんゆうこく》に千年も住んでいれば、たくさんの経験を積み重ね、知恵もいろいろついていて、仏法を守護する想像上の動物・龍になったとしても不思議ではないと考えられていたのだ。

この言い伝えをもとに、長年、世知辛い世の中を渡り、裏も表も経験して鍛えられ、特にある業界において陰で実力を発揮するような人を「海千山千」と呼ぶようになった。

【使用上の注意】

「海千山千」は、あまりよい例えとしては使われないので、面と向かった相手に「あなたは海千山千ですね」などといってはいけません。賞賛の念を伝えたい場合は、似たような意味のほめ言葉「百戦錬磨」を使いましょう。

一三五　えこひいき

難易度 ★★

気に入った人を特別にかわいがること

「依怙《えこ》」とは、もともと「頼る。頼みとなるもの」を指したが、中世頃から頼りとする人に力を貸す意味になった。「贔屓《ひき》」は、古代中国において巨大な霊力を持ったもの、特に大きな河亀を意味した。中国の詩文集『文選《もんぜん》』の「西京の賦《せいけいのふ》」の中に、大きな河亀が二つの山の間を全力で掘り進み、河を通したという伝説が出てくる。そこから、全力を尽くしてものごとに努めるという意味が生まれ、さらには碑石《ひせき》などを支えている亀の彫りもののことも意味した。この伝説が日本に伝わり、やはり中世頃から、気に入った人に力を貸す意味になり、読み方も「ひいき」と長音化した。この二つの言葉が一緒になったものが「依怙贔屓《えこひいき》」で、気に入った人に肩入れする意味で江戸時代初めごろから使われ出した。

【使用上の注意】

「贔屓の引き倒し」という表現もあるように、「贔屓」はよい意味で使われないことが多いようです。

一三六　難易度★★

牙城《がじょう》

大将の居城。強敵が立てこもる本拠。ねじろ

中国で城といえば、都市を取り囲んだ壁、また、市街地そのものを指した。そこには竿の先に象牙の飾りのある牙旗《がき》（大将の旗）が立てられたことから、「牙城」と呼ばれるようになった。つまり、「牙城」とは大将のいる城、軍隊の本拠地で、日本の城でいえば本丸を指す。

主力部隊が堅固な守りを固める根拠地であり、そこから、大きな組織・勢力などの中心をも意味するようになった。ここが落ちたら戦いは負け。ちなみに、竿の先につける象牙の飾りには、牙が身を守ってくれる縁起かつぎの意味があるという。

【使用上の注意】

城そのものはいくつか残っていますが、今の日本には実際に使われている「本丸」も「牙城」もありません。「保守勢力の牙城」「オタク文化の牙城」など、抽象的な例えとして使われる言葉です。

一三七
難易度
★★

牛耳《ぎゅうじ》る

組織や人の集まりを支配すること

中国の春秋戦国時代、周の王室の権威が衰え、諸侯の争いが絶えなかった。いつまでも争っていてはお互いに疲弊するだけだ。そこで諸国間の安定を保障するために、盟約が交わされた。盟約を結ぶ方法の一つとして、盟主が生贄《いけにえ》の牛の耳から血を取り、盟約に賛同する者たちが皆でこの血をすすって不戦の誓いを立てたという。

この故事から、同盟の盟主となることを「牛耳を執《と》る」というようになった。「牛耳る」は、牛耳を動詞化したいい方だが、今日では、組織や団体を自分の思い通りに動かす専横的なニュアンスを込めて使われることが多い。

【使用上の注意】

「取り仕切る」というつもりで「牛耳る」を使ってはいけません。会議の進行役を頼まれて、「会議を牛耳る」つもりでいると、矢面に立たされて返り討ちに遭うでしょう。

一三八　難易度★★

逆鱗《げきりん》に触れる

目上の人に逆らって大きな怒りを買うこと

「逆鱗」とは、龍のあごの下に逆さまに生えている一枚の鱗《うろこ》のこと。龍は想像上の動物だが、ここに触れられるのを嫌い、もし触れる者がいれば、怒った龍は必ずその者を殺すという伝説がある。古来中国では、天子は龍に例えられ、天子の怒りを買うことを「逆鱗に触れる」といった。そうした者は、おそらく死を賜ったに違いない。

今日では、目上の人や偉い先生に逆らって、怒りを買うことを「逆鱗に触れる」という。まさか殺されはしないだろうが、出世や昇進はあきらめたほうがよさそうだ。

【使用上の注意】

同じような意味合いの若者言葉「地雷を踏む」につられ、「逆鱗を踏む」という人がいますが、それは誤りです。逆鱗は「触れる」だけで命取りになります。

一三九
難易度
★★

左遷《させん》

地位や官職を下げて、地方に追い落とすこと

古来、中国には右を尊び、左を卑しむ観念があった。これに対し、律令時代の日本では、右より左が尊ばれ、右大臣より左大臣のほうが格上とされていた。中国からこの言葉が移入されて、左を卑しむ観念も生まれたのかもしれない。

「左に遷《うつ》す」とは、官位を下げることを意味し、歴史上有名なのは右大臣・菅原道真の大宰権帥《ごんのそつ》への左遷だろう。道真は陰謀にはまり、一生を太宰府の地で終えた。官位のなくなった現代でも、サラリーマン社会では、本社の部長が地方支社長に転勤させられたり、専務取締役が平の取締役に落とされるなど、社内政治的な「左遷人事」は行われている。

【使用上の注意】

「人間万事塞翁《さいおう》が馬」とはいっても、「左遷」と「栄転」は当事者にとっては天と地ほどの差がある重大事です。「左遷」された上司に、間違っても「転勤、おめでとうございます」などといってはいけません。

一四〇 難易度★★★

三すくみ

三者が互いに牽制し合って、行動が制限されること

中国は周の時代の学者・関尹子《かんいんし》は面白い説を唱えている。真偽のほどは定かではなく、彼が実際に見たかどうかも怪しいのだが、「ナメクジは蛇を食い、蛇は蛙を食い、蛙はナメクジを食う」という。もし彼の説が本当なら、この三者が出会えば、お互いに牽制し合い、すくんでしまって身動きがとれなくなってしまう。三すくみの題材は、草双紙や歌舞伎にも、地雷也《じらいや》（蛙）・大蛇丸《おろちまる》（蛇）・綱手姫《つなでひめ》（ナメクジ）などのかたちで取り上げられる。

今日、利害が対立する三者が互いに牽制し合うことを「三すくみ」というのは、この説がもとになっている。ちなみに、ジャンケンの「グー、チョキ、パー」も、「三すくみ」の関係になっている。

【使用上の注意】

「社長に厳しく叱られ、部長、課長、私と、三人で三すくみだったよ」——緊張で三人の身体がすくんだのは間違いないでしょうが、ちょっと意味が違います。

一四一
難易度
★★

市井《しせい》

人家の集まっているところ

広漠たる乾燥地帯の多い中国での話だ。人々は水を求めて住居を定めるのが常で、井戸が湧いている、いわゆるオアシスに人々が集まってくる。人が集まると、やがてそこに生活物資を商う市が立つようになる。

「市井」とは、もともとそうした場所を指し、市が立つようなにぎやかな町の意味がある。また、町中という意味もあり、「市井の人」とは町に暮らす一般庶民のこと。町に暮らしていても、権力に近い人たちは市井の人とは呼ばない。

一字違いの「市井の徒」となると、町の無頼者のことになる。

【使用上の注意】

「いちいの人」などと読む人がいますが、それでは意味がまったく通じません。「市井」の「井」は、油田を意味する「油井《ゆせい》」などで使われるので、正しく「しせい」と読めるはずです。

一四二 難易度★★★

舌を巻く

口がきけなくなるほど、驚いたり感心したりすること

初めて中国を統一した秦の始皇帝は、実用に役立つ以外の書物を焼き、儒者を殺害する「焚書坑儒《ふんしょこうじゅ》」を断行した。そのため、儒者たちは書物を持って遠方へ逃れ、博士たちも口をつぐんで発言を控えたという。文章家・揚雄《ようゆう》は『劇秦美新《げきしんびしん》』と『解嘲《かいちょう》』という書物の中でそれを批判し、「談ぜんと欲する者は舌を巻いて声を固くす（閉じる）」と表現している。舌を巻いて縮めると言葉を発せず、黙り込むことになる。非常に驚いたり感心したりすると、言葉が出ないことがあるが、それはちょうど、秦の博士たちが舌を巻いた状態と同じだ。そこで、とても驚かされたり、感心させられたりしたとき、「舌を巻く」というようになった。

【使用上の注意】

「こないだ親父狩りのガキがいてさ、〝俺は空手三段だぞ〟といったら、舌を巻いて逃げていったよ」――この場合、巻くのは「舌」でなく「尻尾」。「尻尾を巻く」が正しい表現です。

Q16の答　C

一四三
難易度
★★★

食指《しょくし》が動く

何かをしたい、何かを欲しいと思うこと。特に食欲がわくこと

中国古代の春秋時代、鄭《てい》の国の公子宋《こうしそう》が、主君である霊公《れいこう》に会いにいく途中、人差し指がヒクヒク動くのを同行者に示して、「こうなるのはご馳走がいただける前兆だ」といった。果たして宮殿に着くと、霊公はスッポンを料理する準備をしていて、公子宋の予言は的中した。ここから、食欲がわいたり、何かをしたい、欲しいという気持ちになることを「食指が動く」というようになった。

人差し指を食指と呼ぶことは、十二世紀に成った辞書『色葉字類抄《いろはじるいしょう》』にも載っている。積極的な意味では、「食指を動かす」といういい方もあり、企業のヘッドハンターが他社の優秀な技術者に「食指を動かす」などと使われる。

【使用上の注意】

仕事や趣味に「食指が動く」のなら結構ですが、若い女性や人妻に食指を動かすのは身の危険を伴います。煩悩に身を任せるのもほどほどにし、使う場面を選びたいものです。

一四四
難易度
★

太公望《たいこうぼう》

釣りが好きで、釣果《ちょうか》自慢をする人

中国は周の時代、呂尚《りょしょう》という賢者が、渭水《いすい》の浜で日がな一日、釣りをしながら世を避けて暮らしていた。ところがある日、周の文王が渭水を通りかかってこの呂尚を見つけ、話を交わすうちに、「わが太公（周の始祖）が望んでいたような賢者だ」といって、八十歳で召し抱えられることになった。後に、呂尚は武王に従って殷を討ち、自ら斉の国を興して天下を治めることになった。呂尚は釣りにしか能のない凡人ではなかったのだ。

「釣れますかなどと文王そばに寄り」――この故事から、江戸川柳などで、釣り好きな人、あるいは釣り自慢をする人のことを「太公望」と呼ぶようになった。

【使用上の注意】

単に釣りが好きなだけでは太公望とはいえません。周囲から腕前を認められ、誇れる実績のある人が太公望と呼ばれます。自分から「俺さまは太公望だから」などとのたまうのは、ただの「釣りバカ」です。

一四五
難易度★★

大丈夫

心配なくものごとが進むさま。無事なこと

中国では、「丈」は背の高いことを意味し、「丈夫」とは成人した男子のことをいった。それに「大」がつけば、体格もしっかりした堂々たる成人男子で、「大丈夫」とはそういう意味だった。ところが、この言葉が日本に入ってきてから、意味が少し変わった。

漢学を学ぶ武士たちは本来の意味で使うことが多かったが、庶民の間では、強くてしっかりしているとか、ものごとが確実であるといった意味で使われるようになった。確かに「大丈夫」なら、強くてしっかりしているに違いない。今日では、けがや病気の程度が軽い、心配ないという意味にも使われている。

【使用上の注意】

語源の意味通りに「大丈夫」を使うのは、時代劇の台詞くらいですから、本来の意味で使うと、時代錯誤といわれかねません。

一四六
難易度
★★

泥酔《でいすい》

前後不覚になるほど酒に酔うこと

平安時代に中国から伝わった言葉で、「泥《でい》」は南海に棲むと考えられていた骨のない虫で、どういうわけか、水がないと酔ってぐにゃぐにゃした泥《どろ》のようになるという。ここから、正体をなくすほど酒に酔うことを「泥《でい》の如し」と表現し、漢字熟語で「泥酔」となったらしい。平安時代中期の『宇津保物語《うつほものがたり》』にも「皆人泥《でい》のごと酔ひて」という例が見られる。

語源はともかく、度を過ぎて酔っ払うと、確かにぐにゃぐにゃとして軟体動物のようになる人もいる。道を歩けば、滑ったり転んだりし、泥まみれになるに違いない。まさに「泥酔」の体というわけだ。

【使用上の注意】

お酒を飲んでところかまわず寝込み、服が泥々になっていたら、それはまさしく「泥酔」。要するに、お酒に飲まれた状態のことです。

一四七
難易度★★★

破天荒《はてんこう》

誰もできなかったことを成し遂げること。

中国の唐時代、荊州《けいしゅう》からは長い間、科挙《かきょ》（官吏登用試験）に合格する者が一人もいなかった。そこで荊州は、文化程度の低い、荒れた未開の地という意味で「天荒《てんこう》」と呼ばれ、諸州の人々に見下されていた。

ところが、ある年、荊州出身の劉蛻《りゅうぜい》が見事に合格を果たし、「天荒」の汚名をそそいだ。全国の人々は快挙に驚き、「破天荒」（天荒を切り開く意）といってほめ讃えた。この故事から、「破天荒」は、それまで誰も成し得なかったことを成し遂げる意味で使われるようになった。

【使用上の注意】

「彼の人生は浮き沈みの多い、破天荒なものだった」「今年は台風の多い、破天荒な年だ」――どちらも何となくわかる気はしますが、間違いです。今までできなかった、前代未聞の業績を成し遂げる意味ですので、「破天荒な大事業」などのように使われます。

「魚」と「肴」はどう違う？

「魚」は「うお」「さかな」、古くは「いを」とも呼ばれた水生動物の総称で、中国由来の漢字である。

一方、「肴」は、「酒の菜《な》」から生まれた言葉で、酒に添えて食べる副菜などを意味する国字（漢字にならって日本で作られた文字）で、「酒のアテ」などともいわれる。したがって、必ずしも海産物の「魚」である必要はなく、ただの生味噌や漬物、塩昆布、また酒席に興を添える歌舞音曲《かぶおんぎょく》も肴になり得る。鎌倉武士の肴はそうしたものだった。

ときには世間話などが「酒の肴」になることも。上司の悪口を肴に、飲み屋でおだを上げるサラリーマン諸氏も多いが、傍《はた》で見ていてけして気分のよいものではないからほどほどにされたい。

きれいな「肴」で酒を美味しくいただくのが、大人の嗜みである。

「生物・医術」の巻

ほらふき

野次馬

一四八
難易度
★★

馬が合う

互いに気が合って、一緒の行動がしっくりいくこと

どうしてこういう表現をするのか、語源ははっきりしない。乗馬では、乗り手との呼吸がぴたりと合うと馬はスムーズに走るが、「馬は人を見る」といわれるように、乗り手と馬の呼吸が合わないこともある。

人間同士でも、呼吸が合えば、何ごともうまくいく。呼吸が合うといってもいろいろで、趣味や好みが似ている場合だけでなく、逆に正反対の場合もある。

とにかく何をするにも気が合ってうまくいく間柄を「馬が合う」という。当然のことながら、「馬が合う」相手もいれば、「馬が合わない」相手も存在する。お互いさまである。

【使用上の注意】

対等の人の間で使う言葉なので、「社長と馬が合う」などと使うと、社長に失礼に当たります。

一四九
難易度
★★

毛嫌い

何という理由もなしに、感情的に嫌うこと

鳥や獣は発情期がくれば相手かまわず交尾すると思われているが、実はそうではない。鳥獣は毛並みや毛の色などで相手を選ぶらしく、いくら発情期でも、気に入らない相手とは交尾しない。

特に馬は、相手選びにうるさく、多くは毛の色や毛並みで相手を選ぶという。何とも細かい好みで、馬は人間の都合通りには交尾してくれないのだ。農家から馬を買い取り、広く売りさばいていた、江戸時代の博労《ばくろう》たちは、これに気がつき、馬の「毛嫌い」と呼んでいた。われわれ人間も、特にこれという理由もなしに人を嫌う場合がある。馬と一緒で、人間の場合も「毛嫌い」というようになった。

【使用上の注意】

漢字で「気嫌い」と書いてしまう人が少なくありません。人間の場合、「毛」ではなく「気」なのでしょうが、語源を考えると正解はやはり「毛嫌い」です。

Q17の答　B

一五〇
難易度
★★

虎の子

大事にしている金品など

「虎の子渡し」という言い伝えによると、虎は、子を三匹産むと、その一匹は豹《ひょう》になり、母虎が目を離すとその豹がほかの虎の子を食い殺すという。そこで、虎の親子が川を渡るときには、まず母虎が豹の子を連れて渡る。母虎は豹の子を置いて引き返し、二匹目の虎の子を連れて川を渡り、豹の子を連れて戻る。そして三匹目の虎の子を連れて再び川を渡ってから、豹を連れに帰るのだという。

虎はそれほど子を大事にするのだ。この話から、本当に大事なものを「虎の子」というようになった。昨今は「虎の子」といえば、蓄えた財産を意味することが多いようだ。

【使用上の注意】

「虎の子の一点を守る」――野球やサッカーで使われるように、手に入れるのが困難なものが「虎の子」で、金銭的価値のあるものに限りません。十人十色、「虎の子」も人それぞれです。

一五一
難易度
★

ねこばば

悪いことをして、そしらぬ顔をすること。特に、金銭を着服すること

これほどわかりやすい語源も珍しい。猫は道端で糞をすると、後脚で土や砂をかけて隠す習性があるといわれる。「ばば」は糞など汚いものを指す幼児語で、そこから、悪いことをした形跡を隠蔽《いんぺい》したり、拾得した金品を着服することを、「ねこばばする」「ねこばばを決め込む」というようになった。

江戸時代後期から使われている表現らしいが、自分の糞を丁寧に始末している猫にとっては心外だろう。愛猫家はご存じの通り、家で飼われている猫は、きちんと自分の砂場で糞をするという。

【使用上の注意】

「猫ばば」「猫かぶり」「猫またぎ」「猫に小判」「猫も杓子も」――古くから身近な「猫」を使った語は多く、猫の評判を不当に落としている語も少なくありません。猫好きの人の前では注意して使いましょう。

一五二
難易度
★★★

野次馬《やじうま》

物見高くて無責任に騒ぎ立てる人

「やじうま」は、もともと老馬あるいは人に馴れない暴れ馬を指す言葉で、「親父馬《おやじうま》」からきたものと思われる。年寄りの馬、つまり親父馬は仕事に使えない。同じく暴れ馬も役に立たないことから、ともに「やじうま」と呼ばれた。「おやじうま」から「お」が落ちたもので、「野次馬」は当て字である。

役立たずという意味から、自分と関係のないことで無責任に騒ぎ立てる、役立たずの人のことも「野次馬」というようになった。

【使用上の注意】

国民の役に立ってほしい国会議員たちが、重要な会議の席上で下品な「やじを飛ばす」図は、嘆かわしい限りですが、この「やじ」は、「野次馬」の「馬」が取れた言葉。無闇にやじを飛ばすのは、無責任に騒ぐ、役に立たない人がすることです。無用な輩にならないよう、注意しましょう。

一五三
難易度
★★

けんもほろろ

相手の言い分を無愛想にはねつける態度

「けん」はキジの鳴き声で、キジの鳴き声は古くから「けんけん」と表現されていた。「ほろろ」も同じくキジの鳴き声といわれている。

一方、人のつっけんどんな態度も、古くから「けんけん」していると表現されていたので、「けんけんほろろ」というキジの鳴き声が、人間には何とも無愛想でつっけんどんに聞こえたものらしい。

鳴き声を人間の無愛想な態度に例えられたキジにとっては、はなはだ心外だろうが、何せ鳴き声が「けんけんほろろ」だから、仕方のないことかもしれない。この「けんけんほろろ」が、いつの間にか「けんもほろろ」になったと考えられる。

【使用上の注意】

「銀行の融資窓口でけんもほろろに扱われた」のように受け身で使われ、「あいつの借金の頼みをけんもほろろにしてやった」などとは使いません。

一五四
難易度 ★★

目《め》白《じろ》押し

大勢の人が押し合いへし合いするさま

ブランド品のセール初日には、若い女性や主婦がそれこそ目白押しで押しかける。読んで字の如く、野鳥のメジロが語源。メジロは変わった習性を持ち、夏の間は雌雄一対で行動するが、秋から冬にかけては群れをつくって林に集まる。たくさんのメジロが一本の木に群れ集まる様子は、まさに「メジロの押し合い」＝「目白押し」だ。

子どもたちが押し合いへし合いする、「目白押し」という遊びを語源とする説もある。いずれにしても、大勢の人が、一枝に集まるメジロのように押し合いへし合いすることを意味している。

【使用上の注意】

「地球温暖化の影響からか、ここ数年、日本列島を直撃する台風が目白押しです」――何となく意味は伝わりますが、正しい使い方ではありません。

Q18の答　C

一五五
難易度
★★

ゴリ押し

ものごとを無理やり強引に推し進めること

渓流に棲むハゼ科の魚にゴリと呼ばれる魚がいる。地方によって呼び名は異なるが、ゴリはアユやイワナと違って、あまり警戒心のない魚だという。その証拠に、ゴリを獲るには、釣竿や餌はいらない。ザルを持って川に入り、ゴリを一方から追い込めば、簡単にごっそり獲れるという。まるでドジョウすくいみたいなやり方だが、それが一番確かな獲り方なのだ。

そんな、強引この上ないゴリの獲り方のように、ものごとを強引に推し進めるやり方を「ゴリ押し」というようになった。しかし、世の中はゴリ押しだけで渡れるものでない。「押してもダメなら引いてみな」という処世訓も忘れずに。

【使用上の注意】

「無理が通れば、道理が引っ込む」という言葉がありますが、「ゴリ押し」とは、まさにそういうことを意味しています。

一五六
難易度
★★★

とどのつまり

最終的に行き着くところ

昔の武士は、出世に伴い、名前を変えることが多かった。魚にも出世魚と呼ばれて、成長につれて呼び名が変わる魚がいる。例えば、鯔《ぼら》・鱸《すずき》・鰤《ぶり》などで、中でも代表的な魚が鯔だ。鯔は幼魚の頃はオボコ（あるいはクチメ）、次にスバシリ、イナ、ボラと名が変わり、最後はトドと呼ばれる。つまり、いろいろな名で呼ばれても、最終的にはトドになり、そこでおしまい。もう先のない「トドの詰まり」というわけで、ものごとが進んでいき、最終的に行き着いたところを意味する。

ちなみに、鱸はセイゴ、フッコ、スズキと呼び名が変わり、鰤は東京地方では、ワカシ、イナダ、ワラサ、ブリ、大阪地方では、ツバス、ハマチ、メジロ、ブリと名を変える。

【使用上の注意】

話の結論を述べるときに使いますが、「挙げ句の果て」同様、多くは結論があまり好ましくない、望ましくない場合に使われます。

一五七
難易度★★★

にべもない

そっけなく、無愛想で冷たいこと

金融機関に借り入れを頼んだら、担保が足りないと、担当者に「にべもない」応対をされた——よくある話だが、「にべ」とはもともとスズキに似たニベ科の魚の名前だ。この魚の浮き袋からつくられた膠《にかわ》は、接着力が非常に強く、「にべ」と呼ばれて重宝されたらしい。

その強力な接着力の連想から、「にべ」は人間同士の親密度を意味するようになったが、それが「ない」とはまったく愛想のないさまを表すわけだ。

【使用上の注意】

冷淡な対応を表す言葉ですが、「素っ気ない」とか「つれない」と言ったレベルを超えている態度です。「にべもない」をさらに強調した表現に「にべもしゃしゃりもない」があります。粘りもなければしゃりしゃりしたところもない——味も素っ気もなく、取りつく島がない意味で使われます。

一五八
難易度
★

ほらふき

大袈裟なこと、あるいは嘘をいう人

修験者《しゅげんしゃ》が山中で仲間と連絡したり、獣除《よ》けに使ったのが大きな音の出る法螺貝《ほら》だ。法螺貝は法会《ほうえ》に用いたり、戦場では進退の合図などにも使われた。それがなぜ、大袈裟《おおげさ》な発言や嘘を意味するようになったのか。

実は、法螺貝の大きな音に原因があり、大きな音からの連想で、思わぬ大儲けを「ほら」というようになった。大儲けをすれば、吹聴したくなるのが人情というもの。人に話すうちに話に尾ひれがついて大きくなる。そんなところから、とかく大袈裟な話、嘘っぽい話をする人を「ほらふき」と呼ぶようになった。

【使用上の注意】

「嘘」も「ほら」も本当ではない、事実と異なることですが、「嘘」は相手をだますために「つく」もので、「ほら」は自分を誇示するために「ふく」ものです。「嘘つきは泥棒の始まり」なら、「ほらふき」は信用を失う始まりでしょう。

一五九
難易度
★★

芋づる式

一つのことに関連していろいろなことが表面化する様子

サツマイモなどの蔓《つる》をたぐっていくと、土の中に隠れて見えなかったイモがみんな蔓でつながっていて次々に出てくる。そんなところから、一連のものごとが何かに関連して次々に明らかになるという意味で生まれた表現だが、もともとは旧薩摩藩などの藩閥政府の役人を皮肉った言葉だといわれている。

明治の薩長閥は絶大な権限を持ち、藩の出身者はわずかな縁故を頼って次々と官途につけたのに、その他の藩、特に幕府方についた藩の者たちは下級官吏にもなれなかった。薩摩→サツマイモ→イモ→イモ侍と、他藩の者は陰で嘲っていたものの、権力者にはかなわない。今日では、悪事が露見し、小者の自白からだんだん黒幕の大物に司直《しちょく》の手が伸びる場合などによく使われる。

【使用上の注意】 小学校・中学校・高校・大学と、無試験で進学するのは「エスカレーター式」で、「芋づる式」とはいいません。

一六〇
難易度
★★

さくら

客に紛れて品物をほめたり、買ったりする人

露天商などが店を広げているところへやって来て、「こりゃいいものだ」「一つもらおうじゃないか」などといって、他の客たちに商品を買う気にさせるのが「さくら」だ。もちろん露天商とぐるになっている。

どうしてこんなきれいな名で呼ばれるかというと、桜の花がぱっと咲いてぱっと散っていくように、派手に商品をほめ、さっといなくなるところから「さくら」といわれるようになったらしい。明治頃から露天商の間で隠語として使われていた。現代では、会社の役員会や株主総会でも「さくら」がいるらしいから、ご用心。

【使用上の注意】

「明日の会議では、さくらをやってくれ」と部長に頼まれたら、さりげなくお役目を務め上げましょう。肩に力が入りすぎると、必要以上に目立ち、部長ともども、ぱっと散り去る結果を招きます。

一六一　難易度★

大根役者

演技の下手な役者

大根は消化がよく、食べて腹をこわすことなどない野菜だ。つまり、めったに食あたりなどしないというわけで、当たらない役者、演技が下手で観客の評判を取れない役者を「大根役者」というようになったというのが、一般的な説だ。単に「大根」ともいう。

ほかにも、下手な役者ほど白粉《おしろい》を塗りたくり、大根のように白い顔になるからという説、あるいはまた、大根の白を素人役者のシロに掛けたという説もある。食べ物としての大根は、おろしても煮込んでもおいしいのだから、もう少しましな例えに使ってほしいものだ。

【使用上の注意】

「あの役者、大根だけになかなかいい味を出しているね」——文章にはなっていますが、意味が正しくありません。ほめ言葉にはならない、役者をけなす言葉です。

一六二
難易度★★

皮切り

ものごとのし始め

「皮切り」はお灸療法で使われた言葉で、最初にすえるお灸のこと。初めてお灸をすえると痛みがひどく、皮膚が切られるほどの感じだという。そこで、初めてすえるお灸は、「皮切り」と呼ばれた。

十七世紀初頭に成った、日本語・ポルトガル語の最初の辞書『日葡辞書《にっぽ》』の「皮切り」の説明に、「治療のためにすえる最初の灸」とあり、「皮切りが大事ぢゃ」という例文の説明に「最初が非常に大切である」とある。この時代から、「ものごとの始め」という意味に使われ、現代でも同じ意味で使用される言葉だ。

【使用上の注意】

ものごとの始まりを表す言葉で、「日本水泳陣は男子一〇〇メートル平泳ぎを皮切りに男女ともメダルラッシュが始まった」のように、次に続々と続く一連の出来事の最初を表します。

一六三
難易度
★★★

匙《さじ》を投げる

ものごとに見切りをつけてやめること

「匙」は漢方医が薬を調合する際に使い、病人の症状に合わせて薬の匙加減をするわけだが、どう調合しても治らない場合もある。どんなに手を尽くしても効果がなければ、治療をあきらめるしかない。薬を調合する匙も、もう用がないからと投げ出してしまう。医者のそんな状況を「匙を投げる」といった。要するにギブアップだ。

そこから、何とか事態をよくしようとがんばってはみたが、効果に期待が持てないときなどにも「匙を投げる」というようになった。子どもが遊んでばかりで、親のしつけがなっていないと、学校の先生からも匙を投げられる。

【使用上の注意】

レストランの食事がまずくて、途中でスプーンを置くくらいでは「匙を投げる」とはいいません。もっと深刻な状況で使う言葉です。

Q19の答　B

一六四
難易度
★★

啖呵《たんか》を切る

威勢のいい口調でまくしたてること

「啖呵」とは、漢方医学の用語で「痰火」と書き、体の中の火気によって激しい痰の出る病気のことだった。「切る」とは、病気を治療することで、痰が出なくなれば胸がすっきりする。そこから、胸をすっきりさせるような、歯切れのいい口調でものをいうことを「啖呵（痰火）を切る」と呼ぶようになった。

映画『鬼龍院花子の生涯』の「なめたらいかんぜよ！」という台詞は、女優・夏目雅子の魅力も加わって、まさに胸がすくような啖呵だった。

ただし、現実の社会で啖呵を切ると、後の収め方が難しいことをくれぐれもお忘れなく。

【使用上の注意】

「啖呵」を切ると一時的に気分がすっきりしますが、その後、口にした言葉の責任が自分にのしかかってきます。できれば「啖呵」は切らずにすませたいものです。

一六五
難易度
★

腑《ふ》に落ちない

素直に納得できないこと

「腑」とは臓物のことだが、この場合は人間の腸、あるいは心の意味で使われている。食べたものがうまく腸に収まらない、相手の話がよく心に伝わらない——そんな気分を「腑に落ちない」という。要するに、他人の話に対してしっかりと納得できないという意味だ。

似たような意味の表現に「合点《がてん》がいかない」「得心《とくしん》がいかない」などがあるが、「腑に落ちない」のほうが、訝《いぶか》しむニュアンスが強いようだ。

【使用上の注意】

「おっしゃることが腑に落ちません」というと、言葉は丁寧ですが、相手の話を訝《いぶか》しく思う挑戦的なニュアンスが強くなり、慇懃《いんぎん》無礼《ぶれい》な印象を与えます。また、肯定形では滅多に使わない言葉です。「腑に落ちる」という表現は本当に得心がいったときに限られます。

一六六
難易度 ★

腑《ふ》抜け

意気地のないこと。また、そういう人

「腑抜け」の「腑」は、はらわたの意味で、古くから人の考えや分別が宿るところと考えられてきた。ものごとが十分に納得できることを「腑に落ちる」と表現するが、その「腑」が「抜ける」のであり、思慮分別に欠けて意気地のないことを意味するようになった。

何もする気がしない、何をどうしたらいいかもわからない。そういう人を昔は「腑抜け」といった。他人をののしる言葉である。

類語に「腰抜け」があるが、「腑抜け」のほうが役立たずという意味合いが強いようだ。「腑が抜ける」とも使われる。

【使用上の注意】

抜けていいのは野菜の灰汁《あく》だけ、「腑抜け」「間抜け」「腰抜け」——何か抜けた表現は、いずれも相手を侮蔑する言葉です。こちらからは使わないと心に決め、いわれた場合はさらりと受け流したいものです。

Q20の答　C

一六七
難易度
★★

溜飲《りゅういん》を下げる

満足して、気が晴れること

何か癪《しゃく》に障ることがあると、それが胸につかえてむかむかする。心の働きは五《ご》臓六腑《ぞうろっぷ》に影響し、気を病んで消化不良になると、胃液の混じった酸っぱい液がこみ上げてくる。いわゆる胸やけした状態だ。こみ上げてくるものを「溜飲」といい、これを下げる（治す）と気分もすっきりする。そこから、心のもやもやを取り払い、気分を晴らすことを「溜飲を下げる」というようになった。

溜飲の下げ方にも、その原因によっていろいろあるが、議論でやり込められた相手を、次の機会に逆にやり込めるなど、仕返しに類する方法が多い。できればもう少し上品な方法で溜飲を下げたいものだ。

【使用上の注意】

不満を解消するために積極的に動いて「溜飲を下げる」場合も多いですが、自分から行動したのではなく、なりゆきの結果、すっきりした場合には「溜飲が下がった」と使われます。

日本語 含蓄うんちく 其の五

「職人気質《かたぎ》」とはほめ言葉？

『広辞苑』には、職人とは「手先の技術によって物を製作することを職業とする人」とあり、例として、大工、左官、指物師《さしものし》などが挙げられている。しかし、仕事には口も頭も使う。その口の利き方が粗野で、頭も固いが、実直で丁寧な仕上がりのよい仕事をする人を「職人気質《かたぎ》」と呼んだ。つまり、「職人気質」とは、その仕事ぶりを認めた昔からのほめ言葉である。

江戸時代、職人の仕事は出職《でしょく》と居職《いじょく》とに分けて呼ばれた。大工、左官など、外に出かけて仕事をするのが出職。一方、家で仕事をするのが居職で、指物師、裁縫師などである。今日でも、外を回る営業職、内を守る事務職などに分けられるが、いずれであっても、「職人気質」の仕事ができているかどうか。会社の将来も国の未来も、結局は個々の気構えにかかっている。仕事へのハートを忘れずに。

「語源三昧」の巻

キセル

金字塔

一六八

難易度 ★

背広

上着、チョッキ、ズボンの揃った紳士服

文明開化の時代、西洋から入ってきたものだから、カタカナ語でもよさそうなのに、なぜか漢字で「背広」と書かれる。語源には諸説あって、どれが正解か今では誰もわからない。

市民が着る服という意味のシビル・クローズ（civil clothes）、あるいはシビル・コート（civil coat）のシビルがなまったという説。また、ロンドンの高級洋服店街・セビルロー（Savile Row）からきているという説。いやいや、スコットランドの羊毛の産地・チェビオット（Cheviot）からきているという説。さらには、背幅がゆったりした服だからというものまである。どれも、いかにもありそうなところが面白い。

【使用上の注意】

語源は多様ですが、男性用のスーツのことです。どんなに頼りがいのありそうな背中をしていても、女性用のスーツには用いません。

一六九
難易度
★

半ドン

勤めが午前中だけで、午後は休みのこと

江戸時代、オランダ語を学ぶ人たちは、休日をドンタクと呼んでいた。オランダ語で日曜日を意味するZondagに由来し、明治に入っても学生やインテリ層は日曜や休日をドンタクといっていたが、土曜日のように午後だけ休みの日を何といったものかと考えた。その結果、「半分ドンタク」、略して「半ドン」と呼ぶようになったらしい。

さらに俗説がある。明治四年から、東京では正午を告げるため大砲の空砲を発した。これを「ドン」といったが、土曜日は平日の半分しか発射しなかったらしい。そこで、土曜日は「半分のドン」=「半ドン」になったというのだ。こっちの説のほうが、庶民的で面白い。

【使用上の注意】

週休二日制が広まり、当てはまるケース自体が少なくなりました。半日休暇を取るつもりで、部下に「明日、半ドンなので、よろしく」といっても、まず通じないでしょう。

一七〇 難易度★★★

長襦袢《ながじゅばん》

着物とほぼ同じ丈の長い襦袢

単に襦袢《じゅばん》といえば、和服の下に着る短い肌着のことだ。襦袢は当て字で、もともとはポルトガル語で肌着を意味するジバン（gibão）からきている。着物の丈とほぼ同じ長さの襦袢を長襦袢といい、男女とも、和服の正装に着用するほか、そのまま寝巻きに利用される場合もある。一方で、長襦袢にはお女郎さんの着るものというイメージがある。映画やテレビの時代劇で吉原が出てくると、長襦袢を着たお女郎さんが「お兄さん、寄ってらっしゃいよ」と呼びかけるのが定番だ。

長襦袢があれば、半襦袢もあるが、いずれにしても下着。ワンピースの下にスリップを着るのと同じで、体の線を整えたり、和服の滑りをよくするためのものだ。映画の丹下左膳は常に女物の長襦袢をちらつかせていた。

【使用上の注意】

染めや柄に凝ったものもありますが、あくまでも和服の下着です。中国語では、「襦」も「袢」も下着の意味がありますが、「襦袢」という熟語はありません。

一七一
難易度 ★

ピンからキリまで

最上のものから、最低のものまでのこと

江戸時代、ポルトガルからカルタが入ってきた。トランプに似たゲームで、四十八枚のカードを使って遊ぶ。このカードの1の札を、ポルトガル語で点を意味するpinta（ピンタ）を略して「ピン」と呼んだ。10の札には十字架（クルス）が描かれていて、これをなまって「キリ」と呼んだ。

したがって、「ピンからキリまで」は、本来は1から10の数を意味したのだが、いつのころからか、「最上のものから最低のもの」という意味で使われ出した。略して「ピンキリ」といったいい方もされる。

【使用上の注意】

「ピン」と「キリ」のどちらが上かという議論がありますが、数字の1と10ですので、どちらが上でどちらが下とはいえず、単に「ピンからキリまで」としか使いようがありません。

一七二
難易度★★

金字塔《きんじとう》

すぐれた著作や事業など、不滅の業績

金字塔とは金でできた塔のことかというと、実はそうではない。「金塔」ではなく「金字塔」というところに目を向けてほしい。漢字の「金」の字の形をした塔といえば、そう、ピラミッドのことなのだ。

ピラミッドは数千年前に造られ、今もエジプトの地に聳《そび》え立つ。多少落剥《らくはく》はあるものの、全体としての威容を保ち続ける、人類の造った歴史的建造物だ。そこで、年月を経てもなおその価値を失わない著作や事業の業績などを、このピラミッドになぞらえて「金字塔」と呼ぶようになった。人類の文化遺産として、守っていく価値のある著作や業績のことなので、単に一時のベストセラーになったくらいでは「金字塔」とは呼ばない。

【使用上の注意】

「金字塔」は、ある分野の最高レベルのものについて使われる言葉なので、会社のゴルフコンペで優勝したくらいでは使えません。

一七三
難易度
★★★

如才《じょさい》ない

手抜かりがなく気が利いて愛想のよいこと

「如才」は本来「如在」と書く、『論語』に由来する言葉で、日本人が誤って「如才」と当てた。「如在」は、神様を祭る際に「在《いま》すが如くする」という意味で、つつしみ、かしこまって神事を行うさまをいったもの。ところが日本では、「あるがまま」の意味に誤用され、さらにはどういうわけか「手抜かり」という意味に使われるようになった。

今日、「如才ない」といえば、手抜かりがないだけでなく、立ち回りがうまく、調子がいいといったニュアンスも含んでいる。「あなたは如才ないからね」といわれたら、必ずしもほめ言葉とはいえないので、これまでの言動を振り返ってみよう。

【使用上の注意】

「彼は如才があったから出世した」などと使うのは間違いです。「如才がある」とはいいませんし、そもそも「如才がない」からこそ出世できるのです。

一七四　濡《ぬ》れ衣《ぎぬ》

難易度★★

無実の罪のこと

『源氏物語』の「憎からぬ人ゆゑは、濡れ衣をだに着まほしがるたぐひもあなればにや」（好きな人のためなら自分から濡れ衣を着たがる人もいるという）や、『大鏡』の菅原道真の歌「天の下かはけるほどのなければや　着てし濡衣ひるよしもなき」など、平安時代から用例がある。時代は定かではないが、ある漁村に父と娘とその継母が暮らしていた。どういうわけか、継母は娘を疎んでいた。そしてある晩、たくらみを持って娘の夜具の上に、漁師の濡れた衣をかけておいた。すると翌朝、父親がそれを見つけ、娘が漁師と通じたと思い込み、怒りにまかせて娘を殺してしまったという。継母はそしらぬ顔。この伝説から、無実の罪を着せられることを「濡れ衣を着せられる」と呼ぶようになったという。

【使用上の注意】

「夕べは急な大雨で、濡れ衣で家に帰ったよ」――確かに衣服は濡れたでしょうが、この場合は「濡れねずみ」が適切な表現です。

一七五
難易度
★★

茶化す

冗談をいったり、ひやかしたりしてからかうこと

真面目な人や真剣な発言をからかうことを「茶化す」というが、語源は明らかでない。いつ頃から使われ出したかも定かではないが、ふざけたことをいって人をからかうことを、「茶をいう」とか「茶にする」ということがあった。

なぜ「茶」なのかは不明だが、「かす」のほうは、「ごまかす」「ひけらかす」の「かす」と同様に動詞の語尾らしい。「茶化す」の「化」は当て字である。江戸時代の滑稽本『浮世床』に「いやあきれた口だぞ。人を茶かす男だぜ」といった一節がある。もしかすると、茶を点てるとき茶筅《ちゃせん》で茶碗の中をまぜかえすことからきているのかもしれない。

【使用上の注意】

「茶かすは、おばあちゃんが畳の部屋に撒いて、お掃除に使ってたわ」――それは「茶かす」ではなく、「お茶がら」です。うまいことといったつもりで、茶化さないでください。

一七六
難易度
★★

出鱈目《でたらめ》

勝手なことや、いい加減なことを言ったりしたりすること

一説には、博徒の隠語から出たものではないかという。「目」はサイコロの目を意味し、「出たらその目」という行き当たりばったりの勝負を指したものらしい。そこから、適当でいい加減な言動の意味になったのではないだろうか。そう古い言葉ではなく、幕末から大正にかけて生まれた新しい言葉を収録した『東京語辞典』という辞典に載っている。

漢字はもちろん当て字だが、「出鱈目」という当て字には、いかにもデタラメな感じがよく出ている。「五月蠅い」と書いて「うるさい」と読ませたのは、夏目漱石が最初だといわれるが、それに負けない当て字だ。

【使用上の注意】

無害な出鱈目なら冗談として笑えますが、他人に迷惑や害を及ぼす出鱈目は慎みましょう。出たとこ勝負の出鱈目な言動を続けていると最後まで行き当たりばったりの人生になります。

一七七 難易度★★

ぼんくら

ぼんやりしていて、ものごとの道理もわからないさま。また、そういう人

この言葉、もともとは賭博場で使われていたらしい。なかなか勝負に勝てない者、つまり勝負する盆の上での目が利かない（暗い）者をからかって、「ぼんくら」と呼んだという。

そこから、特別な才能もなく、ものごとの見通しが利かない凡人も「ぼんくら」といわれるようになった。したがって、同じように人を貶《けな》す言葉ではあるが、「馬鹿」や「阿呆」とはちょっと違う。しかし、出自が出自なので、決して上品な言葉ではない。

【使用上の注意】

他人を「ぼんくら」呼ばわりするのは、自分が「ぼんくら」な証拠かもしれません。まずは自分自身を疑ってみましょう。自己を見つめれば見つめるほど、自分の「ぼんくら」さ加減に気がつくものです。

一七八
難易度
★★

ヤクザ

遊び人、博徒など。現代では暴力団員のこと

カルタ賭博にオイチョカブというのがある。手札とめくり札の数を足して、合計の一の位が九に最も近い数になった者を勝ちとするものだ。合計が十または二十の場合は、一の位がゼロだから得点にならない。八・九・三の札の組み合わせは二十になり、最悪の手だ。そこで昔の博徒たちは、この組み合わせをヤクザ（八九三）と呼んで嫌った。ヤクザ札では勝負にならない。そこから、ヤクザは価値のないもの、役に立たないものを指すようになり、さらにはまっとうでない人、博徒そのものも指すようになった。今日では、ヤクザ＝暴力団員だが、「ヤクザな考え」などと、役に立たない、まともではない意味でも使ったりする。

【使用上の注意】

水商売では、佐藤さんを「サーさん」、山口さんを「ヤーさん」などと呼ぶことがありますが、間違っても本物の「ヤーさん」に「ヤーさん」などと声をかけてはいけません。

一七九
難易度
★★

気障《きざ》

気ざわりの略。心にかかり苦になること

明治という新しい時代になって、東京にはそれまでになかった風俗や、西洋かぶれの気取った服装、態度、珍奇な行動をする者が次々と現れた。時代についていけない一般庶民は、そうした風潮を滑稽とも不愉快とも思っていたに違いない。しかし、気に障ることや腹の立つことを、いちいちあげつらうのは面倒くさい。しかも江戸っ子は気が短いときている。

そこで、人に不快感や反感を抱かせる嫌味なものをひとまとめにして非難する言葉として、「気障」といういい方が生まれたという。ぴたりと実態を表現した、「言葉の経済」の典型例とでもいえようか。

【使用上の注意】

「気障なところがかっこいい」――ありそうな表現ですが、もともと軽蔑的な使われ方をされる言葉なので、「かっこいい」と一緒に使うのは誤りです。

一八〇 難易度 ★

キセル

電車などで、途中区間の料金を払わない乗り方

電車などで、初乗り料金を払って乗り、降りる時は一駅くらい前からの切符や定期券を出して、途中の料金を払わないずるい乗り方を「キセル」というが、その語源が洒落ている。喫煙具のキセルは、タバコを詰める火皿と吸い口だけが金属で、間は竹でできている。つまり、金と金の間が空いている。そこで、途中のお金を払わない乗り方を、明治時代の学生が「キセル」といったらしい。その頃定期券などがあったかどうか定かではなく、一駅前からの切符をどうやって手に入れたのか、手口に興味が湧く。Suica や PASMO が普及すると、「キセル」は難しくなるだろうが、巧妙な手口を考える輩《やから》はいつの時代にもいるのだろう。

【使用上の注意】

「使用上の注意」ではなく「行動上の注意」――キセル乗車は立派な犯罪です。「今日はキセルして来たんだ」などと、他人に自慢している場合ではありません。行動を慎みましょう。

一八二
難易度★★

ゴマすり

人にへつらって自分の利益を図ること

ゴマをすり鉢ですると、すり下ろされたゴマは、あっちにはね、こっちにくっつき、なかなかまとまってくれず、いらいらが募る。人間社会にも、自分の利益を考え、あっちの人にへつらい、こっちの人にお世辞を使う人がいる。うまく立ち回る人といえないこともないが、見ているだけで不愉快だ。

そんな人のことを、すり下されて、あちこちにひっつくゴマに例えて「ゴマすり」と呼ぶようになった。「ゴマすり」も度が過ぎると、人の信用を失いかねないから、ほどほどにしたほうがいい。

【使用上の注意】

「すりゴマ」は食べ物、「ゴマすり」は食えない奴。語順を間違えるとえらい違いになります。また、使う相手を間違えるとえらい結果を招きます。会社でゴマをする相手を間違えると出世に響くようです。

一八二
難易度
★★

しみったれ

ケチくさいこと。またそういう人

金持ちはいつの世も世間の人たちの羨望ややっかみの目にさらされ、何かにつけて「金持ちのくせに……」といわれやすい。ある金持ちがシミのついた着物を着て歩いていると、「金持ちのくせにシミのついた（染み垂れた）着物を着ていやがる」と陰口をたたかれてしまった。その人は、着物のシミを気にしなかったのか、それとも気がつかなかったのかはわからない。高価な着物にシミがついても気にしないほどの金持ちだったのかもしれない。ともあれ、それ以来、ケチくさい人のことを「しみったれ」と呼ぶようになった。

「金持ち喧嘩せず」――本当の金持ちなら、たとえ「しみったれ」といわれてもさほど気にしないだろう。

【使用上の注意】

「しみったれ」は、品性・品格に欠ける人に対して使う言葉です。ランチで服にシミをつけたとしても、高潔であれば、「しみったれ」とは呼ばれません。

一八三
難易度
★★

鉄火巻き

マグロの切り身にワサビをつけ、海苔で巻いた鮨

面白い説に、鉄火場（賭博場）で食べるのに具合のいい食べ物だからというのがある。十八世紀のイギリスの政治家・サンドイッチ伯爵が、ポーカーをしながら食べられるようにと考案した「サンドイッチ」の話から引いたのではないかと思われる説だ。

しかし、「鉄火」という言葉は赤熱した鉄の意味で、また、「鉄火肌」などというように勇み肌の荒くれ者の意味もあり、もとは気性の激しい女性に対してよく用いられた。マグロの赤身にワサビがピリッと効いたところが、どことなく「鉄火」を思わせることから、この巻き鮨を「鉄火巻き」というようになったと見るのが自然だろう。「鉄火丼」があるのも、この説ならうなずける。

【使用上の注意】

「鉄火巻き」と並ぶ、巻き寿司の代表格「カッパ巻き」は、キュウリが河童の大好物といわれるところからきています。

一八四
難易度
★★

ぼる

法外な料金を要求すること

「酔った勢いで入ったスナックで、ぼられちゃったよ」などという話はよく聞く。さてこの「ぼる」だが、どこからきた言葉か。『広辞苑』によると、米騒動の際の暴利取締令に出てくる言葉で、「暴利」を動詞化して活用させたものだという。ところが、この言葉は十八世紀頃から使われていたようで、説に無理がある。

もう一説は、「むさぼる」という言葉の前半が省略されたというもの。確かに「ぼる」店には、たいてい強面《こわもて》のお兄さんがいて、下手すると身ぐるみはがされるらしいから、「むさぼる」からとするのも納得できる。

【使用上の注意】

同様の意味の「ぼったくる」という語は、「ぼる」に、無理やる引っ張る意味の「手繰る」が足された語といわれています。いわゆる「ぼったくり防止条例」を見るまでもなく、興味本位で街をぶらぶらしていると危険がいっぱい。家で本を読んでいるのが一番です。

索引

垢抜ける「江戸の暮らし」……63
赤の他人「日本の文化・日本語」……132
挙げ句の果て「日本の文化・日本語」……109
あこぎ「日本の文化・日本語」……127
阿弥陀くじ「仏教・神道」……153
塩梅「日本の文化・日本語」……105
いかさま「武士のしきたり」……162
韋駄天走り「仏教・神道」……136
板につく「歌舞伎・芸能」……82
一目置く「日本の文化・日本語」……102
一所懸命「武士のしきたり」……163
いなせ「江戸の暮らし」……34
芋づる式「生物・医術」……203
うだつが上がらない「職人言葉」……66
有頂天「仏教・神道」……137
馬が合う「生物・医術」……192
海千山千「中国」……176
うやむや「仏教・神道」……138
えこひいき「中国」……177
おあいそ「歌舞伎・芸能」……83
大袈裟「仏教・神道」……139
大御所「江戸の暮らし」……35

大立者「歌舞伎・芸能」……84
おおわらわ「武士のしきたり」……164
お仕着せ「江戸の暮らし」……36
おシャカ「仏教・神道」……154
おじゃん「江戸の暮らし」……37
お墨付き「武士のしきたり」……165
お茶を濁す「日本の文化・日本語」……104
お茶を挽く「江戸の暮らし」……52
押っ取り刀「武士のしきたり」……166
お転婆「江戸の暮らし」……59
おはこ「歌舞伎・芸能」……85
折紙つき「江戸の暮らし」……64
書き入れ時「江戸の暮らし」……38
駆け出し「仏教・神道」……156
牙城「中国」……178
肩入れ「江戸の暮らし」……39
片棒を担ぐ「江戸の暮らし」……40
合点「日本の文化・日本語」……110
かまとと「江戸の暮らし」……60
皮切り「生物・医術」……206
気障「語源三昧」……225
キセル「語源三昧」……226
牛耳る「中国」……179
切り口上「歌舞伎・芸能」……86
極めつき「歌舞伎・芸能」……87
金字塔「語源三昧」……218
くだらない「江戸の暮らし」……41
管を巻く「職人言葉」……77
口裏を合わせる「日本の文化・日本語」……108

口火を切る 「武士のしきたり」……172
口説く 「日本の文化・日本語」……117
毛嫌い 「生物・医術」……193
逆鱗に触れる 「中国」……180
下戸 「日本の文化・日本語」……128
けちがつく 「日本の文化・日本語」……121
下馬評 「江戸の暮らし」……42
けりをつける 「日本の文化・日本語」……112
けれんみ 「歌舞伎・芸能」……88
げんまん 「日本の文化・日本語」……100
けんもほろろ 「生物・医術」……197
験をかつぐ 「仏教・神道」……157
沽券にかかわる 「職人言葉」……76
ご託を並べる 「仏教・神道」……158
ご馳走 「仏教・神道」……140
ごまかす 「江戸の暮らし」……43
ゴマすり 「語源三昧」……227
ゴリ押し 「生物・医術」……199
金輪際 「仏教・神道」……141
さくら 「生物・医術」……204
差し金 「歌舞伎・芸能」……89
匙を投げる 「生物・医術」……207
左遷 「中国」……181
鯖を読む 「職人言葉」……78
さわり 「歌舞伎・芸能」……92
三すくみ 「中国」……182
四苦八苦 「仏教・神道」……142
市井 「中国」……183
舌を巻く 「中国」……184

しっぺ返し「仏教・神道」……143
老舗「日本の文化・日本語」……122
鎬を削る「武士のしきたり」……167
しみったれ「語源三昧」……228
しもた屋「江戸の暮らし」……44
娑婆「仏教・神道」……144
修羅場「仏教・神道」……145
正念場「仏教・神道」……146
食指が動く「中国」……185
如才ない「語源三昧」……219
しらける「日本の文化・日本語」……123
スケベ「日本の文化・日本語」……118
すっぱ抜く「武士のしきたり」……168
ずぼら「日本の文化・日本語」……119
関の山「日本の文化・日本語」……130
切羽詰まる「武士のしきたり」……173
背広「語源三昧」……214
そそう「仏教・神道」……147
太公望「中国」……186
醍醐味「仏教・神道」……148
大根役者「生物・医術」……205
大丈夫「中国」……187
たそがれ「日本の文化・日本語」……124
駄目「日本の文化・日本語」……103
たらい回し「江戸の暮らし」……45
啖呵を切る「生物・医術」……208
段取り「職人言葉」……70
断末魔「仏教・神道」……149
だんまり「歌舞伎・芸能」……90

茶化す「語源三昧」……221
ちんぷんかんぷん「江戸の暮らし」……46
月並み「日本の文化・日本語」……111
辻褄が合う「職人言葉」……73
つぶしが効く「職人言葉」……79
爪弾き「仏教・神道」……155
泥酔「中国」……188
手ぐすねを引く「武士のしきたり」……169
手管「江戸の暮らし」……53
手塩にかける「江戸の暮らし」……62
手玉に取る「日本の文化・日本語」……101
出鱈目「語源三昧」……222
鉄火巻き「語源三昧」……229
てんやわんや「日本の文化・日本語」……120
どさくさ「日本の文化・日本語」……113
ドサ回り「日本の文化・日本語」……131
どじを踏む「日本の文化・日本語」……107
土壇場「江戸の暮らし」……56
とどのつまり「生物・医術」……200
虎の子「生物・医術」……194
どんちゃん騒ぎ「日本の文化・日本語」……114
とんちんかん「日本の文化・日本語」……115
丼勘定「職人言葉」……67
長襦袢「語源三昧」……216
奈落「仏教・神道」……150
縄張り「職人言葉」……68
二束三文「職人言葉」……74
二の句が継げない「歌舞伎・芸能」……95
二の舞「歌舞伎・芸能」……96

にべもない「生物・医術」……201
二枚舌「仏教・神道」……151
二枚目「歌舞伎・芸能」……91
抜け駆け「武士のしきたり」……170
濡れ衣「語源三昧」……220
ねこばば「生物・医術」……195
根回し「職人言葉」……80
伸るか反るか「職人言葉」……71
のろま「歌舞伎・芸能」……93

はすっぱ「江戸の暮らし」……51
はったり「江戸の暮らし」……57
破天荒「中国」……189
半可通「江戸の暮らし」……54
半ドン「語源三昧」……215
左前「仏教・神道」……152
火蓋を切る「武士のしきたり」……174
冷やかし「職人言葉」……72
ピンからキリまで「語源三昧」……217
腑に落ちない「生物・医術」……209
腑抜け「生物・医術」……210
へそくり「江戸の暮らし」……61
べそをかく「歌舞伎・芸能」……94
べらぼう「江戸の暮らし」……47
ほらふき「生物・医術」……202
ぼる「語源三昧」……230
ぼんくら「語源三昧」……223
ポンコツ「日本の文化・日本語」……116

眉唾物「江戸の暮らし」……58

みっともない 「日本の文化・日本語」……125
村八分 「江戸の暮らし」……48
目白押し 「生物・医術」……198
目安をつける 「日本の文化・日本語」……126
めりはり 「歌舞伎・芸能」……97
もしもし 「日本の文化・日本語」……133
元の木阿弥 「武士のしきたり」……171

八百長 「日本の文化・日本語」……129
ヤクザ 「語源三昧」……224
野次馬 「生物・医術」……196
やにさがる 「江戸の暮らし」……49
野暮 「江戸の暮らし」……55
やまかん 「職人言葉」……75
横紙破り 「日本の文化・日本語」……106

埒があかない 「仏教・神道」……159
溜飲を下げる 「生物・医術」……211
ろくでなし 「職人言葉」……69

割り勘 「江戸の暮らし」……50

【主な参考文献】

山口佳紀　編『暮らしのことば　新　語源辞典』（講談社）
『ことばの知恵袋』（朝日新聞社）
『成語大辞苑』（主婦と生活社）
岩淵悦太郎『語源散策』（毎日新聞社）
志村和久　監修『言葉の語源　実用』（ごま書房）
堀井令以知『ことばの由来』（岩波新書）
大槻文彦『大言海』（冨山房）
新村出　編『広辞苑』（岩波書店）

編集協力　　木内ひとし、広瀬　温（リリーフ・システムズ）
本文デザイン　中村美紀（リリーフ・システムズ）
とびらイラスト　書間　隆（グラフティハウス）

本書は二〇〇七年九月に山海堂より刊行された
『みんなの語源』を加筆・再編集し、改題したものです。

成美文庫

知ってるようで知らない日本語のヒミツ

著　者　三《み》上《かみ》文《ぶん》明《めい》
監　修　野《の》口《ぐち》元《もと》大《ひろ》
発行者　風早健史
発行所　成美堂出版
〒162-8445　東京都新宿区新小川町1-7
電話(03)5206-8151　FAX(03)5206-8159
印　刷　大盛印刷株式会社

ISBN978-4-415-40104-1
落丁·乱丁などの不良本はお取り替えします
定価はカバーに表示してあります